Rezar
com os
Salmos

Dados Internacionais de Catalogação na Publicação (CIP)
(Câmara Brasileira do Livro, SP, Brasil)

Lira, Bruno Carneiro
  Rezar com os Salmos / Bruno Carneiro Lira. –
Petrópolis, RJ : Vozes, 2020.

  ISBN 978-85-326-6395-5

  1. Cristianismo 2. Devoções diárias 3. Orações
4. Salmos – Meditações I. Título.

19-31849   CDD-242.2

Índices para catálogo sistemático:
1. Orações e Salmos : Devoções diárias :
Cristianismo 242.2

Maria Paula C. Riyuzo – Bibliotecária – CRB-8/7639

Rezar com os Salmos

BRUNO CARNEIRO LIRA, OSB

EDITORA VOZES

Petrópolis

© 2020, Editora Vozes Ltda.
Rua Frei Luís, 100
25689-900 Petrópolis, RJ
www.vozes.com.br
Brasil

Todos os direitos reservados. Nenhuma parte desta obra
poderá ser reproduzida ou transmitida por qualquer forma e/ou
quaisquer meios (eletrônico ou mecânico, incluindo fotocópia e
gravação) ou arquivada em qualquer sistema ou banco de dados
sem permissão escrita da editora.

CONSELHO EDITORIAL

Diretor
Gilberto Gonçalves Garcia

Editores
Aline dos Santos Carneiro
Edrian Josué Pasini
Marilac Loraine Oleniki
Welder Lancieri Marchini

Conselheiros
Francisco Morás
Ludovico Garmus
Teobaldo Heidemann
Volney J. Berkenbrock

Secretário executivo
João Batista Kreuch

Editoração: Ana Lucia Q.M. Carvalho
Diagramação: Sheilandre Desenv. Gráfico
Revisão gráfica: Nilton Braz da Rocha
Capa: Renan Rivero
Ilustração de capa: Guto Godoy

ISBN 978-85-326-6395-5

Editado conforme o novo acordo ortográfico.

Este livro foi composto e impresso pela Editora Vozes Ltda.

¹Cantai ao SENHOR *um canto novo
e o seu louvor na assembleia dos fiéis.
²Alegre-se Israel em quem o fez
e Sião se rejubile no seu Rei.
³Louvem o seu nome com danças;
cantem o seu louvor com tamborim e harpa (Sl 149,1-3).*

Dedico à minha mãe,
Nivalda Maria Carneiro Lira,
pelos seus 80 anos,
e a todos aqueles que buscam
encontrar o Cristo através da
oração dos Salmos.

Sumário

Apresentação, 11

Rezar com os Salmos, 15

Feliz quem se alegra na Lei do Senhor – Sl 1, 16

Oração de confiança no Senhor – Sl 2, 18

Confiar no Senhor mesmo dormindo – Sl 4, 20

Oração em meio à adversidade – Sl 5, 22

Louvor pela grandeza de Deus e do ser humano – Sl 8, 24

Confiando no Senhor serei libertado – Sl 22(21), 26

Deus cuida de seus filhos – Sl 23(22), 28

O de coração puro habitará na casa do Senhor – Sl 24(23), 30

O Senhor é luz para o meu caminho; não temerei – Sl 27(26), 32

Fidelidade ao Esposo da Igreja – Sl 45(44), 34

O Senhor subiu ao céu e com Ele nos levou – Sl 47(46), 36

Súplica pela misericórdia de Deus – Sl 51(50), 38

Súplica por justiça – Sl 54(53), 40

Confiança no Senhor diante do medo – Sl 56(55), 42

Vontade de estar com Deus – Sl 63(62), 44

Gratidão pela escuta do Senhor – Sl 66(65), 46

Convite à louvação – Sl 67(66), 48

Meu auxílio vem do Senhor – Sl 70(69), 50

Os escolhidos de Deus olham para os humildes – Sl 72(71), 52

Louvor ao Deus da vitória – Sl 76(75), 54

Clamor do angustiado – Sl 77(76), 56

Súplica pela vinda do Senhor – Sl 80(79), 58

Louvor pela libertação – Sl 81(80), 60

Apelo por justiça – Sl 82(81), 62

Abrigar-se na casa de Deus – Sl 84(83), 64

Prece para a cura de doença grave – Sl 88(87), 66

O Senhor cumpre suas promessas – Sl 89(88), 68

O Senhor nos protege do mal – Sl 91(90), 70

Buscar a santidade – Sl 93(92), 72

Convite ao louvor de Deus – Sl 95(94), 74

Cantai ao Senhor que vem ao nosso encontro – Sl 96(95), 76

Entremos no templo do Senhor – Sl 100(99), 78

Envia teu Espírito, Senhor – Sl 104(103), 80

O sacerdócio justo do Senhor – Sl 110(109), 82

Ação de graças ao Senhor misericordioso – Sl 111(110), 84

O Senhor inclui os desvalidos – Sl 113(112), 86

Alegria pela libertação – Sl 114(113A), 88

O Senhor escuta aquele que suplica – Sl 116(114-115), 90

Ação de graças pelo dia do Senhor – Sl 118(117), 92

Alegria por cumprir os preceitos do Senhor – Sl 119(118), 94

Confiança na proteção do Senhor – Sl 121(120), 96

Entrar na casa de Deus – Sl 122(121), 98

Prece pela ajuda divina – Sl 123(122), 100

Alegria pela reconquista da terra – Sl 126(125), 102

Aquele que teme o Senhor será abençoado – Sl 128(127), 104

Esperança no Senhor – Sl 130(129), 106

Vivenciar o amor fraterno – Sl 133(132), 108

O Senhor dá a coroa aos que vigiam – Sl 134(133), 110

Saudades do Senhor – Sl 137(136), 112

Ação de graças pelo auxílio do Senhor – Sl 138(137), 114

O Senhor nos conhece e nos dá a mão – Sl 139(138), 116

Oração contra os ímpios – Sl 140(139), 118

Súplica pela proteção divina – Sl 141(140), 120

Pedido de libertação – Sl 143(142), 122

Ação de graças pela proteção de Deus – Sl 144(143), 124

Esperança no Senhor – Sl 146(145), 126

A humildade compadece o Senhor – Sl 147(146-147), 128

Louvor das criaturas – Sl 148, 130

A vitória dos humildes – Sl 149, 132

Exultação do coração justo – Sl 150, 134

Epílogo, 137

Apresentação

A presente obra deseja ser um instrumento de oração e toma como ponto de referência os Salmos por ser uma das orações bíblicas do povo de Deus. Com certeza a Virgem Maria e Jesus Cristo, como judeus inseridos na vida religiosa do seu povo, rezaram os Salmos. Na sua pregação e até na cruz, Ele os cita, como por exemplo: "Meu Deus, por que me abandonaste?" (Sl 22,1); "Pai em tuas mãos entrego o meu Espírito" (Sl 31,5). "Eu sou o Bom Pastor" (Jo 10,10; cf. Sl 23,1).

Rezar como Maria e Jesus é a grande motivação deste manual que deseja ser instrumento de oração diária. A obra se apresenta com uma coletânea de sessenta Salmos do saltério a partir das várias necessidades interiores que podem motivar uma oração de qualidade no coração do orante.

Para cada Salmo temos um título que resume o teor da oração contendo a necessidade ou a ocasião para se rezar tal texto. Este cabeçalho, juntamente com o comentário, prepara a pessoa para a meditação dos versículos selecionados que vêm logo em seguida. Tal meditação levará a uma oração de qualidade e à consequente contemplação.

A meditação sálmica se localiza em aspectos bíblicos, teológicos, litúrgicos e pastorais e tem como motivação principal tornar-se um instrumento de preparação para aquele que deseja rezar de maneira consciente e ativa, penetrando melhor no texto para que os frutos espirituais sejam colhidos abundantemente.

Para a seleção dos versículos de cada Salmo utilizamos o critério da ideia central do texto e a presença temática da necessidade interior ou contextual do orante. Tendo em vista a positividade e o melhor entendimento desses poemas bíblicos, deixamos de lado os versículos imprecatórios, ou seja, aqueles que contêm maldições e pragas, desejando mal aos outros. Eles trazem uma mensagem dura e pedidos a Deus pelo castigo dos inimigos. O exemplo desses versículos é o que encontramos no Sl 69,27-28: "Acrescenta-lhes pecado sobre pecado; não os deixes alcançar a tua justiça. Sejam eles tirados do livro da vida e não sejam incluídos no rol dos justos".

Para compreendermos estas duras falas, a primeira coisa a ser considerada é o contexto bíblico, pois alguns Salmos são anteriores à lei de Moisés e outros contemporâneos. Não se tinha ainda uma ideia fechada do julgamento final quando, realmente, Deus punirá os perversos que não praticaram a sua justiça. Esses autores dos versículos imprecatórios achavam que o triunfo de Deus contra o mal se dava ainda nesta vida, e por isso desejam ver fortemente o triunfo do bem. A vitória contra os inimigos, para os autores dos Salmos desses períodos históricos, parecia indicar que Deus não estava agindo através de sua justiça. Vejamos: "Até quando o adversário vai zombar, ó Deus? Será que o inimigo blasfemará o teu nome para sempre?" (Sl 74,10).

Após a apresentação do Salmo, a oração se conclui com um breve responso que serve de fechamento temático da meditação em tela. Esse responso também poderá dar continuidade à contemplação, servindo como uma jaculatória ou mantra para todo o dia e, assim, cumpre-se aquele mandato do Senhor: "Vigiai e orai para não cairdes em tentação" (Mt 26,41), e ainda segue-se o conselho de São Paulo para que oremos sem cessar (cf. 1Ts 5,17).

Sugerimos que ao final da oração de cada Salmo acrescente-se a doxologia: "Glória ao Pai e ao Filho e ao Espírito Santo, como era no princípio agora e sempre, amém"; como forma de cristianizar esses poemas orantes do judaísmo.

A obra se conclui com um epílogo que serve de motivação para a nossa oração a partir dos Salmos, pois desta forma reza-se como e com Jesus, Maria e os santos, na humildade e em comunhão com toda a Igreja militante que une sua voz ao coro dos anjos. "O perfeito louvor vos é dado pelos lábios dos mais pequeninos e de crianças que a mãe amamenta" (Sl 8,2). E ainda com a *Laudis Canticum*[1]: "O canto de louvor que ressoa eternamente nas moradas celestes e que Jesus Cristo, Sumo Sacerdote, introduziu nesta terra de exílio, foi sempre repetido pela Igreja durante tantos séculos, constante e fielmente, na maravilhosa variedade das suas formas" (LC, n. 1). E esta é a vocação dos cristãos que são chamados a viver o serviço cotidiano da ação de graças, do louvor e da súplica numa incessante oração à Santíssima Trindade. A Igreja recorre e reza este canto perpétuo, também, através da oração consciente dos Salmos.

---

1 Constituição Apostólica do Papa São Paulo VI, de 01/11/1970, que trata da reforma do Ofício Divino (Liturgia das Horas).

Rezar
com os
Salmos

Feliz quem se alegra na Lei do Senhor

Aqueles que pautam sua vida pela Lei do Senhor vivem na alegria e não seguem o caminho dos maus, detestam o pecado. O grande tema da pregação de Nosso Senhor Jesus Cristo, como do seu precursor, é o da conversão, ou seja, voltar para o caminho dos mandamentos de Deus a partir de uma reparação e mudança de vida. Tal transformação é inspirada pelo Espírito Santo que conta com o esforço humano. Se estivermos juntos da Fonte da Vida, Jesus Cristo, as nossas folhas não murcham, sempre teremos êxito. Por outro lado, os maus são como palha seca que só serve para ser queimada e soprada, não dão frutos. Nos nossos dias, infelizmente, deparamo-nos com pessoas que põem a esperança, apenas, nas coisas transitórias, pois se esquecem de dar prioridade ao Senhor; outras são más a ponto de se vingarem e serem incapazes de amar. Mas, Jesus continua nos alertando: "Aquele que tem os meus mandamentos e os guarda, esse é o que me ama; e aquele que me ama será amado por meu Pai, e eu também o amarei" (Jo 14,21). Esta postura altruísta é o pleno cumprimento da Lei do Senhor nos tempos de hoje. Os que assim caminham são justos e encontram sua alegria e proteção em Deus.

Sl 1

¹Feliz aquele
que não anda em companhia dos ímpios,
não se detém no caminho dos pecadores
nem se assenta na reunião dos zombadores,
²mas na lei do SENHOR se compraz
e recita sua lei dia e noite!
³Ele é como árvore
plantada à beira da água corrente:
produz fruto a seu tempo
e sua folhagem não murcha;
tudo o que ele faz prospera.
⁴Não são assim os ímpios:
são como a palha que o vento dispersa.

Aquele que obedece à Lei do Senhor,
vive na alegria e tem a proteção de Deus.

Oração de confiança no Senhor

De um lado está o Senhor e do outro os seus opositores, aquelas nações que se revoltam e conspiram em vão contra o Senhor, o seu Ungido, Jesus Cristo e os seguidores dele, os cristãos. O nosso Deus é Todo-poderoso, por isso mesmo pode libertar-nos da opressão do inimigo e do mal. Aquele que é justo deposita, com confiança, a sua esperança nas mãos do seu Senhor. A vitória virá através da encarnação do Filho de Deus, o Ungido, pois Ele é Rei no Monte Sião. A presença marcante do Cristo torna este Salmo um texto messiânico, portanto, cristológico; inclusive o Introito da Missa da Noite de Natal é tirado daqui: "Tu és o meu Filho, eu hoje te gerei!" (Sl 2,7). Este é o decreto do Senhor: vencerá os inimigos pelo Filho e o maior deles é a consequência do pecado, a morte.

O salmista, também, aconselha aos opositores da necessidade de servir ao Senhor com temor, o que difere de tremor. O temor de Deus é um dom do Espírito Santo e consiste no amor respeitoso e de reverência.

Sl 2

¹Por que se agitam as nações,
e os povos conspiram em vão?
²Insurgem-se os reis da terra,
e os príncipes, em conjunto, tramam
contra o SENHOR e contra seu Ungido:
³"Rompamos suas amarras,
sacudamos suas algemas!"
⁵Fala-lhes então com ira
e os apavora com sua cólera:
⁶"Eu mesmo ungi o meu rei
sobre Sião, meu monte santo!"
⁷Proclamarei o decreto do SENHOR.
Ele me disse: "Tu és meu filho,
eu hoje te gerei.
¹⁰E agora, ó reis, entendei bem,
estai prevenidos, governantes da terra!
¹¹Servi ao SENHOR com temor,
beijai-lhe os pés com tremor.

O Ungido do Senhor nos livrará dos inimigos,
só Ele nos dará a Salvação eterna.

Confiar no Senhor mesmo dormindo

Invocar o Senhor é uma prova de confiança total naquele que poderá nos responder, socorrer-nos e libertar-nos. A prece do aflito é verbalizada pela fé naquele que pode solucionar o problema. Nosso Deus sempre ouve a oração daqueles que nele confiam esperando em seu amor. Através do Salmo, Ele chama a atenção dos pecadores que vivem a falsidade e só se lembram dele para fazerem pedidos; esquecem-se de agradecer e louvá-lo.

As bênçãos de Deus virão na medida em que seguimos os ensinamentos de Cristo, pois mesmo no meio de angústias e dificuldades devemos confiar no Senhor e convidar os irmãos que se desviam do Caminho a seguirem os seus preceitos. No versículo oito o autor mostra-nos que estando com Deus teremos felicidade e abundância de comida. Além de alegrias, o Senhor também nos dá a segurança, pois mesmo dormindo Ele nos vigia e cuida de nós.

Sl 4

²Responde-me quando chamo, ó Deus, minha justiça!
Tu, que no aperto me alargaste o espaço,
tem piedade de mim e escuta minha oração!
³Até quando, ó homens, ultrajareis minha honra,
amareis coisas vãs e buscareis mentiras?
⁴Sabei que o SENHOR reserva para si o fiel!
O SENHOR escuta, quando eu chamo por Ele.
⁵Inflamai-vos de zelo, mas não pequeis;
consultai no leito o vosso coração
e ficai em silêncio!
⁷ Há muitos que dizem: "Quem nos dera ver a felicidade!
SENHOR, levanta sobre nós a luz de tua face!"
⁸ Deste ao meu coração mais alegria
do que outros têm na fartura de trigo e vinho.
⁹ Em paz me deito e logo adormeço,
porque, SENHOR, só Tu me fazes repousar em segurança.

O Senhor é meu refúgio e salvação,
mesmo dormindo, Ele cuida de mim.

Oração em meio à adversidade

Muitas vezes as adversidades aparecem em nossas vidas. Elas não são enviadas por Deus. Ele não quer o mal de seus filhos, nem utiliza o mal para nos ensinar. Deus é, sempre, uma presença amorosa que nos acompanha em todos os momentos do nosso dia e da nossa vida. Ele nos livra das aflições.

O salmista se lamenta por conta dos tormentos e pragas rogadas pelos seus inimigos e pede a Deus que não o abandone neste momento, portanto, suplica um livramento, mostra o seu desejo de louvar o Senhor e anseia pelo juízo final nestes tempos de dificuldades. A prece é realizada pela manhã, pois aquele que reza vai ter o Senhor pelo dia todo a guiar os seus passos.

A partir do versículo oitavo, temos um contraste com os anteriores e o poema se torna mais laudativo e litúrgico. É no templo que se eleva a oração comunitária do povo de Deus, por isso o texto evoca a entrada na casa do Senhor e numa postura litúrgica, como no início da celebração da Paixão do Senhor, o orante se prostra em sinal de adoração.

Sl 5

²Presta ouvido, senhor, às minhas palavras,
atende ao meu gemido!
³Escuta meu grito de socorro,
ó meu Rei e meu Deus,
pois é a ti que suplico:
⁴senhor, de manhã ouves a minha voz,
de manhã dirijo-me a ti e espero.
⁵Porque Tu, ó Deus, não toleras o mal,
o perverso não pode acolher-se em ti.
⁸Mas eu, graças ao teu grande amor,
entrarei em tua casa,
vou prostrar-me para teu templo santo,
em reverência para contigo.
⁹Guia-me, senhor, em tua justiça,
por causa dos meus adversários;
aplana diante de mim teu caminho!
¹²Alegrem-se os que em ti buscam refúgio,
exultem para sempre!
Protege-os, para que rejubilem em ti
os que amam teu nome!

*O Senhor é bondoso e compassivo,
Ele escuta o meu grito de socorro.*

Louvor pela grandeza de Deus e do ser humano

A grandeza do nosso Deus é imensa, pois Ele criou todas as coisas e estabeleceu como síntese de sua criação o ser humano, a única criatura que Ele disse ter feito à sua imagem e semelhança, pois como diz o Salmo um pouco abaixo de Deus o fizeste coroando-o de glória e todo esplendor. Nós somos a sua imagem porque temos razão; podemos fazer escolhas, como optar pelo mal ou o bem; contemplar a criação e transformá-la, e ainda, produzir ciência.

O perfeito louvor das criaturas ao Criador é oferecido pelos homens já na tenra idade, pois é dos lábios das crianças que emana o canto perfeito a Deus. Sua grandeza ainda se manifesta pela fortaleza contra os inimigos, ou seja, aqueles que se opõem ao bem e desejam que os fiéis mudem de caminho.

Com todas as criaturas, louvemos o Senhor!

Sl 8

[2]SENHOR, nosso soberano,
quão magnífico é teu nome por toda a terra,
e tua majestade, situando-se acima dos céus!
[3]Pela boca das crianças e dos pequeninos
fundaste uma fortaleza,
para silenciar os inimigos e vingadores,
porque são adversários teus.
[4]Quando contemplo o céu, obra de teus dedos,
a lua e as estrelas que fixaste,
[5]o que é o homem, para que te lembres dele,
e o ser humano, para que dele te ocupes?
[6]Tu o fizeste um pouco inferior a um ser divino,
Tu o coroaste de glória e honra;
[7]deste-lhe o domínio sobre as obras de tuas mãos,
tudo submeteste a seus pés;
[8]as ovelhas e todos os bois
e até os animais selvagens,
[9]as aves do céu e os peixes do mar,
tudo o que abre caminho pelo mar.
[10]SENHOR, nosso soberano,
quão magnífico é teu nome por toda a terra!

A criação manifesta a tua grandeza, Senhor,
por isso te louvamos e agradecemos.

Confiando no Senhor serei libertado

O sofredor inocente e manso é comparado a um fugitivo e se sente abandonado, enquanto ao mesmo tempo confia no seu Senhor, pois tem certeza de que será libertado dos seus sofrimentos causados por outros, os quais riem dele e sacodem a cabeça em uma atitude de zombaria. Está consciente da ajuda divina porque tem um bom relacionamento com Deus que sempre demonstrou a sua bondade para com o seu povo, encorajando-o na esperança. A linguagem da queixa, portanto, se volta para a alegria, pois sabe que será livre desses inimigos que tramam contra ele.

O Sl 22(21) se aplica, diretamente, a Jesus Cristo, Servo de Javé sofredor e cheio de esperança; por isso venceu a morte e da sepultura saiu vitorioso.

Nós, também seguidores de Cristo, poderemos nos encontrar com opositores, inimigos furiosos e, na nossa contingência humana, sofrer; mas é nesses momentos de penúria que devemos manifestar e anunciar a nossa fé no Redentor, pois com o Senhor seremos sempre libertados das angústias, depressões e perseguições.

Sl 22(21)

²Meu Deus, meu Deus, por que me abandonaste?
Minha salvação fica longe, apesar das palavras do meu lamento.
⁸Todos os que me veem zombam de mim,
torcem os lábios e meneiam a cabeça:
⁹"Volta-te para o SENHOR! Que Ele o liberte,
que o livre, já que o ama!"
¹⁷Na verdade, rodeiam-me cães furiosos,
cerca-me um bando de malfeitores,
amarraram-me as mãos e os pés.
¹⁸Posso contar todos os meus ossos;
¹⁹Repartem entre si minhas vestes
e sobre minha túnica lançam a sorte.
²⁰Mas Tu, SENHOR, não fiques longe!
Tu, minha força, vem depressa em meu socorro!
²³Anunciarei teu nome aos meus irmãos,
hei de louvar-te no meio da assembleia:
²⁴"Vós, que temeis o SENHOR, louvai-o!

O Senhor é o meu libertador,
nele confio e anunciarei a sua bondade.

Deus cuida de seus filhos

O pastor cuida de suas ovelhas conhecendo cada uma delas, assistindo-as em suas necessidades e levando-as pelo caminho seguro. Conhecendo o pastor, elas deixam-se guiar por ele porque sabem que aquele que as conduz as levará sempre para boas pastagens. Jesus Cristo atribui a si este título de Bom Pastor. Ele observava como os pastores conduziam os seus rebanhos em Israel; eles iam à frente e, como as ovelhas os conheciam, seguiam-nos sem medo. Eles as levavam para pastos seguros e águas tranquilas. Nosso Salvador, portanto, é o Bom Pastor, descendente de Davi, também, pastor.

Ele nos protege das regiões sombrias e do vale da morte. Recebe a ovelha desgarrada de braços abertos e com misericórdia prepara para ela uma mesa e a unge.

Sejamos, também, bons pastores para com aqueles que são conduzidos por nós, seja na família, na profissão ou na Igreja.

Sl 23(22)

O SENHOR é meu pastor: nada me falta.
²Em verdes pastagens me faz repousar,
conduz-me até às fontes tranquilas
³e reanima minha vida;
guia-me pelas sendas da justiça
para a honra de seu nome.
⁴Ainda que eu ande por um vale de espessas trevas,
não temo mal algum, porque Tu estás comigo;
teu bastão e teu cajado me confortam.
⁵Diante de mim preparas a mesa,
bem à vista dos meus inimigos;
Tu me unges com óleo a cabeça,
minha taça transborda.

O Senhor sempre cuida de mim
como um Bom Pastor,
Ele me conduz para a verdadeira alegria.

O de coração puro habitará na casa do Senhor

A descrição da chegada do Senhor na Cidade Santa enche-nos de alegria, pois é para lá que todos nós peregrinamos na fé. Deus é digno de adoração por tudo que Ele criou. Pela sua soberania e grandeza, parece estar distante, mas aquele que tem o coração reto e não guarda maldades em seus pensamentos poderá entrar em sua casa. Uma das bem-aventuranças nos dá esta certeza: "Bem-aventurados os puros de coração porque verão a Deus" (Mt 5,8). E como se constrói a pureza de coração? Em primeiro lugar pela escuta e vivência da Palavra do Senhor. E a sua palavra é clara; Jesus nos pede para não julgarmos; guardar a língua de dizer mentiras; afastar-se da falsidade; amar o próximo, e este amor manifesta-se, sobretudo, no perdão. Eis a "receita" para habitarmos na casa do Senhor, pois Deus deseja não só as mãos limpas, mas um coração puro e honesto.

Os portões da cidade se abriram para receberem o Rei da Glória, Ele é o Senhor. É com a sua chegada, na Noite de Natal, que se inaugura o seu reinado na terra. Os seus seguidores, também, poderão ser recebidos nesse Reino, pois cada pessoa que se converte e retorna ao Caminho se torna o templo onde Deus quer habitar.

Sl 24(23)

³Quem pode subir ao monte do SENHOR?
Quem ficará em seu lugar santo?
⁴Aquele que tem mãos inocentes e coração puro,
que não se entrega à falsidade
nem jura com perfídia.
⁷Pórticos, elevai vossos frontões!
Erguei-vos, portais antigos,
para que entre o Rei da Glória!
⁸Quem é este Rei da Glória?
O SENHOR, forte e valoroso,
o SENHOR, valoroso na batalha.
¹⁰Quem é este Rei da Glória?
O SENHOR Todo-poderoso,
é Ele o Rei da Glória.

Entrarei com o Senhor no seu Santo Templo,
Ele me converte e purifica-me o coração.

O Senhor é luz para o
meu caminho; não temerei

O tema da luz está presente na revelação desde a criação, pois foi a primeira obra de Deus, que separou a luz das trevas (cf. Gn 1,1-7). Portanto, o primeiro dia da criação é o domingo, momento em que a luz prorrompe e por isso mesmo, em algumas línguas, o primeiro dia da semana é chamado de Dia do Sol, como em inglês: *Sunday* (ou dia da luz), Dia do Senhor que nos ilumina.

Se o Senhor é a nossa luz não temos o que temer. Várias vezes nas Sagradas Escrituras encontramos a expressão: *Nolite timeri* (não tenham medo). Vejamos alguns exemplos: "Não tenha medo porque eu estou contigo" (Is 40,10); "Não temais, vós valeis mais que muitos pardais" (Mt 10,31); "Não temas, ó pequeno rebanho" (Lc 12,32); "Não temas, Maria, porque achastes graça diante de Deus" (Lc 1,30). Como vemos, o Senhor é a proteção da nossa vida, não temos o que temer, pois quando os problemas aparecem e as angústias e tribulações afloram, Ele estará sempre conosco.

O pedido feito pelo salmista demonstra toda a confiança daquele que põe a esperança no Senhor que atende as suas necessidades, pois tem plena certeza que, estando com Ele, chegará à terra dos viventes. Diz São Paulo: "Sei em quem acreditei, sei em quem confiei" (cf. 2Tm 2,12).

Sl 27(26)

O SENHOR é minha luz e minha salvação:
a quem temerei?
O SENHOR é a fortaleza de minha vida:
perante quem tremerei?
⁴Uma só coisa peço ao SENHOR
e só esta eu procuro:
habitar na casa do SENHOR
todos os dias de minha vida,
para contemplar os encantos do SENHOR
e meditar em seu templo.
¹³Tenho certeza de experimentar a bondade do SENHOR
na terra dos vivos.
¹⁴Espera no SENHOR!
Sê forte e corajoso no teu coração!
Espera no SENHOR!

*O Senhor sempre me ilumina;
ao seu lado, não terei medo de nada.*

Fidelidade ao Esposo da Igreja

O presente Salmo é um poema ligado à realeza. Trata de um casamento real de forma harmoniosa e gigantesca, apresentando uma cerimônia alegre que se identifica com o Reino de Deus. Nesse casamento podemos ver nitidamente a fidelidade do Esposo-noivo (Jesus Cristo) como também a da noiva, a Igreja. O Rei é chamado de Deus, pois é o Filho do Altíssimo, ungido por Ele e da mesma natureza; por isso, o Rei se destaca pelas vestimentas e a sua Rainha com vestes preciosas de ouro e bordados. A bela noiva passa a integrar a família do Rei, e deve adorá-lo. Por sua vez, os descendentes do casal ocuparão lugares importantes e terão um reinado de glória, com muitas bênçãos.

A Liturgia aplica este Salmo às solenidades de Nossa Senhora, por ela ser a esposa de Deus Espírito Santo, que gerou o Filho, aquele que é o Ungido. Por isso está à direita do Rei vestida como rainha e intercedendo por todos os seus filhos, a humanidade inteira. O Rei, a Rainha e seus descendentes possuem fidelidade mútua.

Sl 45(44)

³És o mais belo dos homens;
de teus lábios flui a graça;
por isso Deus te abençoou para sempre.
⁷Ó Deus, teu trono é para sempre,
teu cetro real é um cetro de retidão.
⁸Amas a justiça e odeias o mal,
por isso Deus, teu Deus, te ungiu com perfume de festa,
de preferência aos teus companheiros.
⁹Tuas vestes são pura mirra, aloés e cássia.
Instrumentos de corda nos palácios de marfim te festejam.
¹⁰Filhas de reis estão com tuas joias
e, de pé à tua direita, a rainha com ouro de Ofir.
¹²que o Rei se encante com a tua beleza!
Pois Ele é teu SENHOR, prostra-te diante dele!
¹⁴Toda gloriosa, a filha do Rei está nos aposentos,
vestida de brocado de ouro.
¹⁵Em vestes multicores ela é conduzida ao Rei.
¹⁷O lugar de teus pais o tomarão teus filhos;
farás deles príncipes por toda a terra.
¹⁸Recordarei teu nome de geração em geração,
e assim os povos te louvarão por todo o sempre.

O Senhor é sempre fiel,
Ele dá a vida pela sua Igreja.

O Senhor subiu ao céu e com Ele nos levou

Este Salmo de alegria canta o louvor de Deus e para isso convoca toda a terra, pois Ele é o Criador e o Senhor que acompanha a sua obra. As palmas e aclamações nos convocam a rezar com o corpo e a voz, portanto, é todo o ser que se coloca na atitude orante de exultação. Esta oração reconhece o senhorio de Deus Rei e enfoca a sua exaltação, como também a posição privilegiada do povo eleito, Israel, que foi uma nação escolhida como sua herança. Vale lembrar que hoje o povo eleito é todo o cristão que pelo Batismo se torna membro de uma raça eleita, povo de sua particular propriedade (cf. 1Pd 2,9).

No centro do Salmo está uma alusão ao Filho de Deus, no Mistério da sua Ascensão ao mais alto dos céus para sentar à direita do Pai. O Senhor subiu por entre aclamações de júbilo ao toque da trombeta, não para se afastar de nós, mas para ficar ainda mais próximo e enviar o Espírito Santo que nos recordará tudo o que Ele fez e ensinou. Elevou para junto do Pai a nossa humanidade e, agora, já estamos glorificados em sua carne igual à nossa. Chegaremos lá à medida que praticarmos o bem.

Sl 47(46)

²Povos todos, batei palmas,
aclamai a Deus com vozes de alegria!
³Pois o SENHOR, o Altíssimo, inspira temor,
é um grande Rei sobre toda a terra.
⁴Ele submete os povos
e as nações sob nossos pés.
⁵Ele escolhe para nós uma herança,
o orgulho de Jacó, seu bem-amado.
⁶Deus subiu entre aclamações,
o SENHOR, ao som da trombeta.
⁷Cantai louvores a Deus, cantai!
Cantai louvores ao nosso Rei, cantai!

*O Senhor subiu ao céu,
e elevou à direita do Pai a nossa natureza humana.*

Súplica pela misericórdia de Deus

O reconhecer-se pecador é o grande passo rumo à conversão, pois é a partir daqui que brota o pedido de perdão. O salmista roga a Deus por piedade porque tem certeza do seu amor, já que foi criado para a santidade. Esta certeza é tão grande, que ele pede para ser lavado por inteiro de toda a culpa. O verbo lavar lembra a água batismal que nos tira o pecado original e oferece a graça para vivermos no seguimento de Cristo.

O pedido de perdão vem junto com o reconhecimento da culpa, ou seja, a consciência da condição pecadora, pois o pecado quebra a comunhão do servo com o seu Senhor e causa tristeza ao pecador. A necessidade da restauração e do perdão de Deus leva a pessoa arrependida ao sofrimento por conta da sua ofensa e, ao mesmo tempo, à certeza de que será perdoado, já que o nosso Deus, na sua misericórdia, sempre nos perdoa e esquece a culpa, por isso alegremo-nos. "Abri meus lábios, ó Senhor, para cantar e minha boca anunciará o vosso louvor!" (Sl 51,17).

Sl 51(50)

³Tem piedade de mim, ó Deus, segundo a tua misericórdia;
segundo a tua grande clemência, apaga minhas transgressões!
⁴Lava-me todo inteiro da minha culpa
e purifica-me do meu pecado!
⁵Pois reconheço minhas transgressões,
e tenho sempre presente o meu pecado.
⁶Pequei contra ti, contra ti somente,
e pratiquei o mal diante de teus olhos.
⁸Tu queres sinceridade interior,
e no íntimo me ensinas a sabedoria.
¹²Ó Deus, cria em mim um coração puro
e renova-me por dentro com um espírito decidido!
¹³Não me afastes de tua presença,
nem retires de mim teu santo espírito.
¹⁴Restitui-me a alegria de tua salvação
e sustenta-me com um espírito generoso.
¹⁷Abre, SENHOR, os meus lábios,
e a minha boca proclamará o teu louvor.

Piedade, ó Senhor, tende piedade,
pois pecamos contra Vós.

Súplica por justiça

A justiça é o grande tema das Sagradas Escrituras. Deus nunca aceitou as situações injustas e de iniquidades. Já na lei de proteção aos desvalidos nos ensina que na ceifa se alguém esquecer algum feixe deixe lá para que seja encontrado pelo órfão, pela viúva e por qualquer necessitado, a fim de que se receba a bênção de Deus pelo trabalho das mãos (cf. Dt 24,19; Lv 23,22); e todos possam usufruir dos bens da terra.

Os que são bons e pautam sua vida pelos preceitos do Senhor merecem a sua bondade, por isso são protegidos de homens violentos e de todo adversário, pois seria injusto não receberem tal proteção.

O salmista tem certeza de que Deus o ajudará e está feliz porque Ele se encontra do lado dos seus apoiadores e, por isso, em agradecimento, vai oferecer sacrifício ao Senhor, sobretudo, o de louvor que é exercido na oração de qualidade, o fruto dos lábios que concordam com a voz, a vontade e o coração.

Saibamos agradecer e louvar ao Senhor com a integralidade do nosso ser, pois Ele nos livra de todas as aflições.

Sl 54(53)

³Ó Deus, salva-me por teu nome,
por teu poder, faze-me justiça!
⁴Ó Deus, escuta minha súplica,
presta ouvidos às palavras de minha boca,
⁵porque estrangeiros se erguem contra mim,
homens violentos atentam contra minha vida,
sem levar Deus em consideração.
⁶Mas Deus é quem me ajuda,
o SENHOR está com os que me apoiam.
⁸De bom grado te oferecerei sacrifícios;
SENHOR, celebrarei teu nome, pois ele é bom.
⁹Sim, ele me livrou de todas as aflições.

Ó Senhor, fazei-me justiça e livrai-me das aflições,
pois em Vós eu confio.

Confiança no Senhor diante do medo

O medo é um estado emocional da realidade humana que surge em resposta a alguma situação que nos deixa diante do perigo. Quando algo ameaça a nossa vida ou segurança ficamos apreensivos e podemos reagir de duas maneiras: o confronto ou a fuga.

Neste caso, o salmista confronta os adversários que lhe agridem e combatem, através da ajuda do Senhor. Esses opositores, podemos interpretar, também, como o pecado que nos leva ao desvio dos preceitos de Deus. Com esta consciência, dirige uma oração confiante àquele que pode aniquilar todo temor.

Com Deus junto de nós nada e nem um ser mortal poderá nos fazer o mal. Em retribuição oferecemos a Ele a fidelidade das nossas promessas batismais e cantaremos ação de graças. Porque pela ressurreição do seu Filho livrou-nos da morte e nos deu a sua luz para estarmos sempre em sua presença.

Sl 56(55)

²Tem piedade de mim, ó Deus, porque estão me agredindo!
Todo o dia me combatem e oprimem;
³meus adversários me agridem continuamente;
na verdade são muitos os que me combatem com arrogância.
⁴No dia em que tenho medo,
confiante a ti me dirijo.
⁵Em Deus, cuja palavra eu louvo,
em Deus eu confio e nada temo:
o que poderá um mortal fazer contra mim?
¹³Assumo, ó Deus, os votos que te fiz,
vou pagar-te com sacrifícios de ação de graças.
¹⁴Pois livraste minha vida da morte
e, seguramente, meus pés do tropeço,
para que eu pudesse andar na presença de Deus,
à luz da vida.

O Senhor é quem cuida de mim,
e livra a minha vida da morte.

Vontade de estar com Deus

A sede de Deus é uma constante no coração daquele que crer. Santo Agostinho nos diz: "Fizeste-nos, Senhor, para ti, e o nosso coração anda inquieto enquanto não descansar em ti"[2]. Portanto, o coração do homem que tem fé busca constantemente encontrar o seu Criador. Ele é a água para a nossa sede! Jesus, no último dia da festa, exclamou: "Se alguém tem sede, venha a mim e beba. Quem crê em mim, como diz a Escritura, rios de água viva correrão do seu interior" (Jo 7,37-38).

O salmista, após esta profissão de fé, exalta o amor de Deus e detém-se em louvá-lo no santuário por toda a vida. Este louvor se faz por inteiro: com corpo, mente e coração; por isso rezamos com as mãos levantadas em sinal de súplica e entrega. A oração deverá ser constante, breve e pura, como ensina nosso pai São Bento na Regra que escreveu para os monges do Ocidente. A vigília noturna é um momento de silêncio privilegiado para se encontrar com o Senhor, como fez Jesus ao passar a noite em oração nas montanhas de Israel (cf. Lc 6,12).

---

2 Disponível em www.pensador.com/frase/MTU1NzEz – Acesso em 06/06/2019.

Sl 63(62)

²Ó Deus, Tu és meu Deus; a ti procuro,
minha alma tem sede de ti;
todo o meu ser anseia por ti,
como a terra ressequida, esgotada, sem água.
³Assim estava eu quando te contemplei no santuário,
vendo teu poder e tua glória.
⁴Pois teu amor vale mais que a vida,
meus lábios te louvarão.
⁵Assim, eu te bendirei durante a minha vida,
ao teu nome erguerei as mãos.
⁷quando em meu leito me recordo de ti,
em ti medito durante as horas de vigília.

Como a ovelha tem sede de água fria,
assim eu te desejo, ó Senhor.

Gratidão pela escuta do Senhor

O agradecimento é próprio daqueles que reconhecem as dádivas recebidas por alguém. No caso da oração de ação de graças, esse alguém é o próprio Deus que faz maravilhas e recebe a nossa gratidão como fruto dos lábios que pronunciam um sacrifício de louvor. O Salmo, também, convida a terra para a louvação, pois as ações de Deus são contempladas por toda criatura.

A alusão do acontecimento de Páscoa que libertou o povo de Deus, através do Mar Vermelho, é fundamental para a aliança, pois a Páscoa de Jesus Cristo se realiza neste contexto e é a maior maravilha que Deus realizou por nós, já que através dela somos salvos para sempre. A sentença foi revogada e Ele nos livrou das angústias e do mal, representados no Salmo pelos rebeldes.

Às vezes, somos provados como se purifica a prata; nesses momentos é a hora de ficarmos firmes na fé, já que Deus sempre escuta e atende a nossa súplica, pois seu amor é eterno, sem fim. A Ele rendamos graças eternamente.

Sl 66(65)

A terra inteira prostra-se diante de ti
²e entoa hinos em tua honra,
entoa hinos ao teu nome!
⁵Vinde ver as ações de Deus,
os terríveis feitos em favor da humanidade!
⁶Mudou o mar em terra firme;
a pé atravessaram o rio:
ali nos alegramos nele!
⁷Ele governa eternamente com seu poder;
seus olhos vigiam as nações,
para que os rebeldes não se vangloriem!
¹⁰Pois Tu, ó Deus, nos puseste à prova,
purificaste-nos como se purifica a prata.
¹³Venho à tua casa com holocaustos;
cumpro para contigo meus votos
¹⁴que meus lábios proferiram
e minha boca pronunciou na minha angústia.
²⁰Bendito seja Deus
que não rejeitou a minha súplica
nem retirou de mim o seu amor!

O Senhor nos libertou do mal,
a Ele agradecemos eternamente.

Convite à louvação

Este Salmo canta a grandeza de Deus e convida todos os povos a lhe rederem graças. É o reconhecimento do homem ao seu Criador pelas maravilhas que Ele realiza. A humanidade toma consciência da culpa e pede o perdão e as bênçãos divinas. É, portanto, uma súplica doxológica[3] e orante, mesclando agradecimento pessoal e coletivo em comemoração ao livramento da maior calamidade, que é o pecado. Essa libertação se dá pelo Mistério Pascal de Cristo, e por isso as nações se alegram.

Ação de graças pela proteção e a abundância dos frutos da terra constituem a louvação do Salmo. O pedido insistente de bênção demonstra a confiança que todos os povos depositam no Senhor.

Constantemente, nossa vida deverá ser um eterno canto de louvor a Deus, pois na sua bondade nos dá o perdão dos pecados e providencia o necessário para vivermos felizes e anunciá-lo até os confins da terra. E, assim, teremos a sua bênção.

---

3 Que dá glória a Deus.

Sl 67(66)

²Deus tenha piedade de nós e nos abençoe;
faça brilhar a sua face entre nós!
³Que se conheça na terra o teu caminho,
e em todas as nações a tua salvação.
⁴Que os povos te rendam graças, ó Deus,
que todos os povos te rendam graças!
⁵Alegrem-se e exultem as nações,
pois governas os povos com retidão
e reges na terra as nações.
⁶Que os povos te rendam graças, ó Deus,
que todos os povos te rendam graças!
⁷A terra deu os seus frutos:
Deus, nosso Deus, nos abençoa.
⁸Que Deus nos abençoe,
e que o temam os confins de toda a terra!

A ti, ó Senhor, toda a glória,
o louvor e a ação de graças.

Meu auxílio vem do Senhor

O salmista tem pressa pelo auxílio do Senhor e por isso clama por libertação. Tal clamor é, também, uma profissão de fé naquele que pode defendê-lo dos seus opositores que desejam tirar-lhe a vida.

Em nossos dias, infelizmente, ainda nos deparamos com pessoas distantes de Deus e, por isso mesmo, são negativas, deixando crescer dentro de si sentimentos de inveja e orgulho; esses estão sempre querendo prejudicar e atrapalhar o caminho daqueles que põem sua esperança no Senhor e são felizes. Alegram-se com a desgraça dos bons. Geralmente, os opositores são tristes e representam um falso papel social. Por isso, o salmista pede para eles a desonra. Quem sabe assim não caiam em si e se convertam, passando a buscar o Senhor? Aqueles que o encontram exultam de alegria pela sua grandeza e sem cessar proclamam a salvação, pois Ele não tarda em atender os aflitos que pedem seu auxílio.

Sl 70(69)

²Ó Deus, vem libertar-me;
apressa-te, SENHOR, em socorrer-me!
³Sejam cobertos de vergonha e vexame
os que desejam tirar minha vida!
Recuem, cobertos de desonra,
os que se alegram com a minha desgraça!
⁴Recuem, cobertos de desonra,
os que riem de mim.
⁵Exultem e alegrem-se por causa de ti
os que te buscam!
"Deus é grande", digam sem cessar
os que amam a tua salvação!
⁶Quanto a mim, um pobre aflito,
ó Deus, vem depressa até mim!
Tu és meu auxílio e libertador:
SENHOR, não tardes mais!

Um pobre aflito clama por ti,
e confia na tua libertação.

Os escolhidos de Deus
olham para os humildes

Este Salmo é uma oração do Rei Davi para o filho Salomão que será seu sucessor; portanto, rei de Israel. Interessante observar que o primeiro pedido é para que o seu governo tenha como pilares o direito, a justiça e a paz, grandes temas das Sagradas Escrituras.

O poema se aplica de modo muito claro ao escolhido para a verdadeira libertação da alma, Nosso Senhor Jesus Cristo, e também a todos aqueles que exercem lideranças, pois traz as diretrizes para se agradar a Deus.

Salomão e Jesus Cristo tiveram sempre uma preocupação com o direito dos humildes. A humildade é o coração do Evangelho. A Virgem Maria, no seu Magnificat, proclama: "Olhou a humildade de sua serva..." (Lc 1,48a). E Jesus: "Os humilhados serão exaltados" (Lc 14,11). Os que exercem o poder sobre alguém devem ter como base a justiça, o direito do fraco, do pobre, do desvalido e do oprimido.

Sl 72(71)

Ó Deus, concede ao rei teu direito,
tua justiça a este filho de rei!
²Que ele governe teu povo com justiça
e segundo o direito, teus humildes!
³Proporcionem as montanhas e colinas
paz ao povo, mediante a justiça!
⁴Que ele faça justiça aos humildes do povo,
salve os filhos do pobre
e esmague o opressor!
⁵Que eles temam a ti à luz do sol
e, diante da lua, de geração em geração!
⁶Seja ele como o cair da chuva sobre a relva,
ou da garoa que rega a terra!
¹²Pois ele livrará o pobre que clama,
e também o oprimido e o desvalido.
¹³Ele tem compaixão do fraco e do pobre,
e salva a vida dos pobres.

Deus faz justiça aos humildes
e abençoa aquele que governa com retidão.

Louvor ao Deus da vitória

Neste Salmo, Deus se revela em Jerusalém, no Monte Sião, pois lá o Senhor fez a sua morada; Jerusalém, hoje, é a Igreja. Os versículos registram o louvor do Senhor que venceu os inimigos livrando o seu povo de um ataque que eles por si sós não dariam conta de vencer. Nosso Deus é portador de vitória, cumpre a sua promessa e nos acompanha com desvelo para livrar-nos de todo mal.

A descrição do Salmo pode tratar da libertação de Jerusalém do ataque anunciado por Senaqueribe, rei da Assíria (cf. 2Rs 18,19-37). O rei de Judá, Ezequias, fez penitência e rogou ao Senhor proteção; Deus o atendeu, pois durante a noite o anjo do Senhor feriu os assírios e libertou Judá.

O Senhor venceu os valentes, destruindo todos os seus instrumentos de guerra e deixando imobilizados seus carros e cavalos. Tudo paralisa quando o Senhor se levanta para salvar os humildes. Louvemos, portanto, o nosso Deus que sempre vence o mal e nos dá a vitória.

Sl 76(75)

²Deus se deu a conhecer em Judá,
seu nome é grande em Israel.
³Em Jerusalém está sua tenda,
e em Sião, sua morada.
⁴Ali quebrou as flechas do arco,
o escudo, a espada e a guerra.
⁶Os soldados valentes foram espoliados,
dormem o seu sono;
nenhum dos guerreiros
pôde valer-se das próprias mãos.
⁷Ante tua ameaça, ó Deus de Jacó,
carros e cavalos ficaram imobilizados.
⁹Do céu enunciaste a sentença:
a terra fica paralisada de medo,
¹⁰quando Tu, ó Deus, te levantas para julgar,
para salvar todos os humildes da terra.

Louvores ao Senhor,
que sempre nos dá a vitória!

Clamor do angustiado

Toda nossa confiança é depositada em Deus, pois Ele é sempre fiel e aquele a quem podemos pedir socorro em todo tempo. A angústia e as tristezas estão muito presentes em nossos dias, sobretudo entre aquelas pessoas que se distanciam do Senhor e pensam que se bastam sozinhas. Um engano, pois fomos criados para sermos felizes somente junto do Criador. É com essa profissão de fé que rezamos este Salmo; clamamos a Deus porque temos certeza que Ele nos ouve.

O salmista, por conta da angústia, talvez esteja vacilando na fé, por isso lembra a presença de Deus no seu passado; indaga sobre a rejeição do Senhor, mas ao mesmo tempo faz uma profissão de fé e afirma as maravilhas que Ele fez outrora entre todos os povos, libertando o povo eleito através de Moisés e Aarão, fazendo-o passar pelo mar a pé enxuto. O Senhor sempre nos livrará das angústias, contanto que clamemos com fé.

Sl 77(76)

²Com minha voz clamo a Deus,
com minha voz a Deus, para que me ouça.
³No dia da minha angústia procuro o SENHOR.
De noite minha mão está estendida sem cansar-se,
minha alma recusa ser consolada.
⁵Lembro-me de Deus e gemo;
medito e meu espírito desfalece.
⁶Relembro os dias passados,
os anos de outrora.
⁸Acaso o SENHOR nos rejeitará para sempre
e não voltará mais a nos ser favorável?
⁹Acaso sua fidelidade se esgotou de todo,
terminou sua promessa para as gerações?
¹²Lembro-me dos feitos do SENHOR,
sim, recordo tuas maravilhas de outrora,
¹⁵Tu és o Deus que fazes maravilhas,
mostraste teu poder entre os povos.
²⁰No mar abriste teu caminho,
tua passagem, nas águas profundas,
e ninguém descobriu tuas pegadas.
²¹Guiaste teu povo como um rebanho,
pela mão de Moisés e de Aarão.

O Senhor me libertou de todas as angústias,
por isso canto as suas maravilhas!

Súplica pela vinda do Senhor

Mais uma vez o Senhor é apresentado como o Pastor de Israel, pois Ele, sempre, conduz seu povo para os caminhos seguros. Nós somos o seu rebanho e nos deixamos conduzir em segurança pelo seu amor, por isso acreditamos que Ele nos escuta, pois, mesmo estando junto dos querubins, está próximo de nós. A salvação trazida por Deus restaura-nos e nos oferece a verdadeira luz.

O salmista, assim como nós, vacila por um instante, pensando que o Senhor se irritou e se distanciou, mas confia na sua restauração e por isso continua suplicando com fé pela sua vinda e pede para que visite, novamente, a vinha escolhida. A profissão de fé final é a confiança plena na salvação que só vem de Deus, a qual nos conservará a vida mediante a invocação do seu nome.

Sl 80(79)

² Escuta, Pastor de Israel,
que guias José como um rebanho!
³Tu, que tens o trono sobre os querubins, manifesta-te
diante de Efraim, Benjamim e Manassés!
Desperta teu poder
e vem salvar-nos!
⁴Restaura-nos, ó Deus:
faze brilhar tua face e seremos salvos!
⁵SENHOR Deus Todo-poderoso,
até quando estarás irritado,
apesar da oração do teu povo?
⁸Restaura-nos, Deus Todo-poderoso:
faze brilhar tua face e seremos salvos!
⁹A videira que retiraste do Egito,
Tu a replantaste, expulsando as nações;
¹⁵Volta-te, ó Deus Todo-poderoso,
olha do céu e vê:
vem visitar esta videira,
¹⁸Pousa tua mão sobre o teu escolhido,
sobre o filho do homem que firmaste para ti!
¹⁹ Não nos afastaremos de ti:
Tu nos conservarás a vida, e nós invocaremos teu nome.

Senhor, vinde a nós com vosso amor,
fazei brilhar a vossa face para que sejamos salvos.

Louvor pela libertação

O desejo de liberdade é uma constante na vida do ser humano. As grandes prisões são a falta de abertura para com Deus e o próximo. Ao clamar por libertação nos momentos de aflição, o Senhor ouve e age a favor do suplicante. Este Salmo, portanto, é um hino festivo de louvor que, provavelmente, era cantado nas grandes festas judaicas como a Páscoa ou a Festa dos Tabernáculos. A referência feita à lua cheia caracteriza a marcação da festa da Páscoa como a primeira lua cheia da primavera no Hemisfério Norte. Os verbos no infinitivo: cantar, entoar e tocar fazem um convite à louvação, apresentando, logo em seguida, o significado da festa, a libertação. Na primeira parte do Salmo, o salmista fala convocando ao louvor; em um segundo momento, Deus interpela solicitando a obediência do seu povo e promete bênçãos futuras. Afirma que tirou o fardo pesado dos ombros do seu povo e que ouviu os seus clamores; pedindo, apenas, que o povo escute a sua voz e Ele, por sua vez nos garantiria o alimento, em uma alusão direta à Eucaristia que nos fortalecerá enquanto esperamos o Senhor: "Ele nos alimentaria com a flor do trigo".

Sl 81(80)

²Cantai de júbilo a Deus, nossa força,
aclamai o Deus de Jacó!
³Entoai o canto, fazei ressoar o pandeiro,
a cítara melodiosa com a harpa!
⁴Tocai a trombeta na lua nova,
na lua cheia, no dia de nossa festa!
⁵Porque é uma lei para Israel,
um preceito do Deus de Jacó,
⁷"Tirei o fardo de seu ombro,
e suas mãos depuseram o cesto.
⁸Quando clamaste na aflição, eu te libertei;
eu te respondi, oculto no trovão;
provei-te junto às águas de Meriba.
⁹Escuta, povo meu, quero admoestar-te!
Oxalá que tu, Israel, me escutasses!
¹⁴Ah! Se meu povo me escutasse!
Se Israel seguisse meus caminhos,
¹⁷Ele o alimentaria com a flor do trigo,
e o saciaria com o mel da rocha".

*Senhor, eu o louvarei para sempre,
porque Tu me alimentas com a Eucaristia.*

Apelo por justiça

O Sl 82 faz um protesto contra os juízes injustos e, através da Palavra de Deus, exorta à prática da justiça. Deus acusa esses juízes que dominavam sobre Israel pela deslealdade e corrupção.

Diante de nós sempre temos fatos ligados às desonestidades, pois convivemos com corruptos; o bem com o mal; o trigo com o joio (cf. Mt 13,24-46). O salmista e nós, hoje, imploramos ao Senhor que se levante para julgar os injustos, aqueles que oprimem o pobre, o fraco e órfão. Esses juízes, que na época se intitulavam como deuses, são também seres humanos e vão cair como mortos.

Só há um Deus que é justo e que sempre toma partido dos humildes e marginalizados. Nós, portanto, como no Salmo, devemos apelar para que Deus julgue todas as nações conforme sua justiça.

Sl 82(81)

Deus levantou-se na assembleia divina,
no meio dos deuses Ele abre o julgamento.
²Até quando dareis sentenças injustas,
favorecendo os ímpios?
³Sede juízes para o fraco e o órfão,
fazei justiça ao necessitado e indigente;
⁴libertai o fraco e o pobre,
livrai-os da mão dos ímpios!
⁵Eles não sabem nem percebem
que caminham nas trevas
e que todos os fundamentos da terra estão destruídos.
⁶Eu declaro: "Sois deuses,
sois todos filhos do Altíssimo.
⁷No entanto, como seres humanos, morrereis
e, como qualquer dos príncipes, caireis".
⁸Levanta-te, ó Deus! Sê o juiz da terra,
pois a ti pertencem todas as nações!

O Senhor nos liberta com justiça
das mãos de todos os ímpios.

Abrigar-se na casa de Deus

Habitar na casa do Senhor é o desejo de todos aqueles que têm fé. O salmista demonstra um profundo amor pela casa de Deus. Nós fomos criados para Ele; por isso a nossa alegria é estar diante do Senhor, que é a nossa segurança e abrigo, assim como os filhotes dos pássaros nos seus ninhos, protegidos dos predadores. Nós, também, temos um grande predador que nos cerca querendo nos devorar, o demônio que saiu para perseguir os descendentes da mulher (cf. Ap 12) que lhe esmagou a cabeça. Somos felizes porque desejamos habitar na casa do Senhor e nela nos abrigar do mal. Sem desanimar, precisamos, como o salmista, fazer esse pedido ao Senhor, pois é nosso desejo morar para sempre em sua tenda e bem distante dos ímpios. A nossa morada eterna é a Jerusalém do Céu onde já residem os santos (cf. Ap 7,9). Para lá nós caminhamos e não deixaremos mais a sua presença.

Sl 84(83)

[2]Como são amáveis tuas moradas,
senhor Todo-poderoso!
[3]Minha alma se consome de saudade
pelos átrios do senhor,
meu coração e minha carne vibram de alegria
pelo Deus vivo.
[4]Até o pássaro encontra um abrigo,
e a andorinha um ninho, onde colocar seus filhotes,
perto de teus altares, senhor Todo-poderoso,
meu Rei e meu Deus.
[5]Felizes os que habitam em tua casa,
louvando-te sem cessar.
[9]senhor Deus Todo-poderoso, escuta minha oração,
presta-me ouvido, ó Deus de Jacó!
[11]Pois um dia em teus átrios
vale mais que mil que eu poderia ter escolhido;
ficar na entrada da casa de meu Deus
é melhor do que morar nas tendas dos ímpios.
[13]senhor, Todo-poderoso,
feliz é quem em ti confia!

Feliz aquele que confia no Senhor,
pois um dia habitará com Ele em sua casa.

Prece para a cura de doença grave

O doente, já sem esperança, lamenta-se diante de suas contingências, sobretudo, as limitações por causa de suas enfermidades. A prece se prolonga pelo dia e noite, pois confia no Senhor. A sua doença é grave, pois já se considera um morto, mas mesmo assim espera a cura.

Podemos, também, passar por doenças mortais, que fazem perder a esperança e doer a alma, mas este é o momento da prova e devemos ficar firmes no Senhor. Ele sempre virá socorrer-nos. Muitos nessa situação, infelizmente, deixam Deus de lado e mudam de religião, passam a querer resolver o problema por si sós, enquanto deviam esperar pela vontade do Senhor, mesmo que seja a doença, pois é perseverando que ganhamos o Reino. São Paulo nos ensina: "Combati o bom combate, terminei minha carreira, guardei a fé" (2Tm 4,7).

Sl 88(87)

[2]SENHOR, Deus de minha salvação,
de dia e de noite clamo diante de ti.
[3]Chegue à tua presença minha oração,
presta ouvidos ao meu clamor!
[4]Pois minha alma está saturada de desgraças,
minha vida está à beira do túmulo.
[5]Contado entre os que baixam ao fosso,
sou como um homem alquebrado;
[6]abandonado a mim mesmo entre os mortos,
sou como os trucidados que jazem na sepultura,
dos quais já não te lembras,
pois estão apartados de tua mão.
[7]Tu me depositaste numa cova profunda,
nos lugares tenebrosos e abismais.
[10]meus olhos anuviam-se de tanto sofrer.
Todo o dia te invoquei, SENHOR,
estendendo para ti minhas mãos.
[14]Mas eu clamo a ti, SENHOR, por socorro;
de manhã minha oração já está diante de ti.

Fui provado como a prata e o ouro,
e guardei a minha fé.

O Senhor cumpre suas promessas

O Senhor sempre cumpre aquilo que promete. Prometeu-nos uma aliança definitiva e a cumpriu pela Encarnação e Mistério Pascal de seu Filho e nosso irmão, Jesus Cristo. Preparou esse caminho com desvelo pelos seus eleitos que deram descendência ao Salvador. O principal deles foi o Rei Davi, por isso a sua fidelidade é para sempre e perpassa muitas gerações. A descendência eterna de Davi tem por base o nascimento de Jesus Cristo na sua cidade, Belém.

Ao afirmar que o Senhor é fiel, o salmista canta as maravilhas que Deus operou ao longo da história a partir da justiça e do direito, pois não admite a desigualdade e a marginalização, que juntas com a fidelidade e o amor farão glorificar o seu Nome.

O Salmo, portanto, aplica-se a Jesus Cristo, descendente de Davi, que o invoca como Pai; por outro lado, Deus o fará seu Primogênito e o mais soberano dos reis da terra.

Que todos nós, ungidos pelo Batismo, possamos ser fiéis eternamente ao nosso Deus e Pai.

Sl 89(88)

²Cantarei eternamente as misericórdias do SENHOR;
com minha boca anunciarei tua fidelidade, de geração em geração.
³Sim, eu o digo, teu amor está edificado para sempre,
nos céus estabeleceste tua fidelidade:
⁴"Fiz aliança com meu eleito,
jurando a Davi, meu servo.
⁵Estabelecerei tua descendência para sempre,
e te construirei um trono, de geração em geração".
¹⁵A justiça e o direito são as bases de teu trono,
amor e fidelidade caminham à tua frente.
²¹Encontrei Davi, meu servo,
ungi-o com meu óleo santo.
²⁵Minha fidelidade e meu amor estarão com ele;
e em meu nome se erguerá sua fronte.
²⁷Ele me invocará: "Tu és meu Pai,
meu Deus, rocha de minha salvação".
²⁸E eu farei dele o primogênito,
o mais elevado entre os reis da terra.
⁵³Bendito seja o SENHOR para sempre!
Amém! Amém!

Cantarei eternamente a bondade do Senhor,
sua fidelidade de geração a geração.

O Senhor nos protege do mal

Este Salmo é um dos mais conhecidos da Sagrada Escritura. Trata da proteção de Deus para com todos aqueles que o procuram de coração sincero. Essa vigilância se dá a fim de que nenhum de nós seja iludido pelo mal, o espírito sedutor.

Aquele que habita no abrigo do Altíssimo terá sempre a proteção do seu Senhor. Daí a necessidade de uma fé sólida em Deus que nos livra do laço dos caçadores e da peste maligna.

Dos temores, das epidemias, dos maldosos, o Senhor nos livra e nos protege através dos seus anjos, pois quando o invocarmos, Ele sempre nos responderá, livrando-nos de toda tribulação e nos oferecendo a glória, a salvação.

Sl 91(90)

¹Aquele que habita sob a proteção do Altíssimo
passa a noite à sombra do Todo-poderoso.
²Pode dizer ao SENHOR: "Ele é meu refúgio e minha fortaleza,
meu Deus, em quem confio".
³Pois Ele te livra do laço do caçador
e da peste maligna.
⁵Não temerás o pavor da noite
nem a flecha que voa de dia;
⁶nem a peste que ronda no escuro
nem a epidemia que devasta em pleno dia.
⁷Se tombarem mil a teu lado
e dez mil à tua direita,
não serás atingido.
¹¹Pois aos seus anjos dará ordens a teu respeito,
para que te guardem em todos os teus caminhos.
¹²Eles te levarão nas mãos,
para que teu pé não tropece numa pedra.
¹⁵Quando me invocar, eu lhe responderei;
estarei com ele na tribulação,
eu o livrarei e o glorificarei.

O Senhor me livrará de todo mal,
Ele protege dia e noite a minha vida.

Buscar a santidade

A realeza de Deus está presente em muitos Salmos; isso porque Ele é grande e vence todas as batalhas sempre que invocado com fé. Existe desde toda a eternidade e seu poder não terá fim. O exercício desde poder é o serviço, pois sempre esteve e se encontra em função da humanidade inteira, preocupando-se com a salvação de cada um. Por isso, na plenitude dos tempos, enviou o seu Filho nascido da mulher para resgatar os que estavam sob a lei (cf. Gl 4,4). Este Filho, também, fez-se o Servo de todos quando na cruz nos libertou do pecado e ao nos ensinar que Ele próprio veio para servir (cf. Mt 20,28). Nele recebemos graça e santidade.

O Salmo conclui com a invocação a um dos atributos de Deus, a santidade, que é estendida sobre todos nós que preservamos a graça do Batismo. Aliás, desejar ser santo é a nossa vocação.

Sl 93(92)

¹O SENHOR é Rei! Ele está vestido de majestade;
o SENHOR está vestido e cingido de poder.
Assim o mundo está firme,
sem jamais vacilar.
²Desde a origem teu trono está firme
e desde a eternidade Tu existes.
³Elevam os rios, SENHOR,
os rios elevam sua voz,
as cascatas elevam seu fragor.
⁴Mais do que o estrondo das grandes águas,
das poderosas vagas do mar,
poderoso nas alturas é o SENHOR.
⁵Tuas prescrições são muito seguras.
A santidade é o apanágio de tua casa,
SENHOR, enquanto durarem os tempos.

Senhor, buscarei a tua santidade
por toda a minha vida.

Convite ao louvor de Deus

O Sl 95 é um dos escolhidos para o início do Louvor Divino (Liturgia das Horas) a cada dia, porque é um convite à oração. O verbo vir, no modo imperativo, já é uma convocação a este louvor de júbilo. Também convoca-nos a dar ação de graças em sua presença, já que Ele é onisciente e maior do que todos os "deuses".

Após evocar o tema da criação, mais uma vez insiste ao louvor, agora com uma atividade corporal: inclinação, prostração, estar de joelhos, tudo em sentido de adoração àquele que é o Senhor e nosso pastor, por isso devemos escutar a sua voz e ser dóceis de coração, em oposição à dureza dos antepassados, no deserto, pois esta atitude fez o Senhor se desgostar. Aqui tiramos um grande ensinamento: o mal da murmuração nos afasta de Deus e pode quebrar a harmonia das relações interpessoais no seio da comunidade.

Sl 95(94)

¹Vinde, cantemos com júbilo ao SENHOR,
aclamemos a rocha que nos salva!
²Vamos à sua presença com ação de graças,
aclamemo-lo com hinos de louvor!
³Pois o SENHOR é um grande Deus,
um grande Rei acima de todos os deuses.
⁴Em sua mão estão as profundezas da terra;
os cumes dos montes lhe pertencem.
⁵Dele é o mar, foi Ele quem o fez,
e a terra firme, que suas mãos formaram.
⁶Vinde! Vamos inclinar-nos e prostrar-nos,
fiquemos de joelhos diante do SENHOR que nos fez!
⁷Porque Ele é nosso Deus,
nós somos o povo de seu pastoreio,
as ovelhas conduzidas por sua mão.
Oxalá escutásseis hoje a sua voz:
⁸"Não endureçais o vosso coração como em Meriba,
como aquele dia em Massa, no deserto,
⁹quando vossos pais me desafiaram
e me puseram à prova, embora tivessem visto minha ação!
¹⁰Quarenta anos desgostou-me aquela geração
e cheguei a dizer: "É um povo de coração transviado,
que não conhece meus caminhos".

Entrai, inclinai-vos e prostrai-vos,
adoremos ao Senhor que nos criou.

Cantai ao Senhor que
vem ao nosso encontro

Desde o dia que Jesus Cristo subiu aos céus pelo Mistério da sua Ascensão, a Igreja vive à sua espera, pois aqueles homens vestidos de branco disseram: "Este Jesus que se elevou vai voltar do mesmo modo como o vistes subir" (At 1,11). O Salmo canta a volta do Senhor, como também a sua primeira vinda, na história, naquela noite de Natal em Belém da Judeia. Por isso todo o louvor é feito nesta perspectiva: acolher, festivamente, o Senhor que vem para governar e julgar com justiça toda a terra. O verbo cantar, no sentido de convocar, aparece três vezes, logo no início, com o objetivo de anunciar a salvação, por isso os céus e a terra se alegram. Nosso coração deverá vibrar com as vindas do Senhor, pois Ele veio na história, vem no cotidiano, pela sua palavra, os sacramentos, na pessoa dos sacerdotes, dos pobres-sofredores[4] e virá no final dos tempos para, com fidelidade, julgar as nações. Vale lembrar que este Salmo foi o escolhido pela liturgia para a Missa da Noite de Natal.

---

4 Cf. a Constituição *Sacrosanctum Concilium*, n. 7 (formas de presença do Cristo).

Sl 96(95)

¹Cantai ao SENHOR um cântico novo!
Cantai ao SENHOR, terra inteira!
²Cantai ao SENHOR, bendizei seu nome,
dia após dia, anunciai sua salvação!
³Narrai sua glória entre as nações,
entre todos os povos suas maravilhas!
⁴Pois o SENHOR é grande, digníssimo de louvor,
mais temível que todos os deuses,
⁶beleza e majestade estão diante dele,
poder e esplendor em seu santuário.
¹¹Alegrem-se os céus e exulte a terra,
ressoe o mar e tudo o que ele contém!
¹³diante do SENHOR, pois Ele vem,
Ele vem para governar a terra.
Ele governará o mundo com justiça
e os povos com sua fidelidade.

*Vem, Senhor Jesus, e não tardeis,
pois vos esperamos com todo amor do coração.*

Entremos no templo do Senhor

O templo de Jerusalém foi, sempre, visto como símbolo de unidade nacional; o lugar mais importante para os judeus. Ainda, hoje, o Muro das Lamentações faz esta função, pois foi o que restou deste templo destruído pelos romanos no ano 70 d.C. O Salmo trata da entrada do Senhor em seu Santuário que é um lugar de glória e do encontro. Jesus Cristo, o Filho de Deus, tornou-se o verdadeiro templo: "Destruí este templo e em três dias eu o reedificarei" (Jo 2,19). Como o apóstolo explica, Jesus falava do templo do seu corpo que ressuscitou ao terceiro dia após sua morte salvadora. Com a vinda do Espírito Santo, todos nós, tornamo-nos os verdadeiros templos de Deus e precisamos estar preparados para recebê-lo, pois Ele deseja habitar dentro de nós.

Reconhecendo que o Senhor é o nosso Deus, vamos até Ele como suas ovelhas, o seu rebanho. Ele é o nosso Templo Santo, vamos entrar dentro dele com júbilo, hinos e na ação de graças, pois é bom e sempre fiel. Nós nele e Ele em nós.

Sl 100(99)
Aclamai o SENHOR, terra inteira!
²Servi ao SENHOR com alegria,
vinde à sua presença com cantos de júbilo!
³Reconhecei que o SENHOR é Deus!
Ele nos fez, e somos seus:
seu povo e ovelhas de seu rebanho.
⁴Entrai por suas portas com ação de graças,
e nos seus átrios, com hinos de louvor!
Rendei-lhe graças, bendizei seu nome!
⁵Pois o SENHOR é bom: seu amor é para sempre,
e sua fidelidade, de geração em geração.

Entrarei no teu Templo, Senhor,
com hinos de louvor e ação de graças.

Envia teu Espírito, Senhor

A criação é a obra perfeita do nosso Deus e é o seu Espírito que vivifica todas as coisas. No início, Ele pairava sobre as águas: "E a terra era sem forma e vazia; e havia trevas sobre a face do abismo; e o Espírito de Deus se movia sobre as águas" (Gn 1,2).

A grandeza de Deus é cantada no Salmo a partir da criação, pois é Ele que fixa o número de todas as estrelas, tem domínio sobre o céu e a terra. As obras do Senhor foram feitas com sabedoria e a maior delas somos nós, os homens e as mulheres. Ou seja, tudo foi feito para nós que somos a sua imagem e semelhança.

O Espírito do Senhor, portanto, é que anima as criaturas e vivifica o que está inerte. A ressurreição definitiva é obra dele, como nos disse o Concílio de Constantinopla, o Espírito Santo é doador da vida e falou por meio dos profetas, sendo uma das Pessoas de Deus. A renovação da face da terra é sua obra que, no momento, age sobre todos, lembrando o que Jesus nos ensinou (cf. Jo 14,26), e nos impelindo para a santidade, cantaremos os louvores do Senhor enquanto existirmos.

Sl 104(103)

¹Bendize, ó minha alma, o SENHOR!
SENHOR, meu Deus, como és grande!
Tu te vestes de esplendor e majestade.
²Ele está envolto em luz como num manto;
estende o céu como um toldo,
³fixa as vigas de sua morada acima das águas;
das nuvens faz sua carruagem,
anda sobre as asas do vento;
⁴dos ventos faz seus mensageiros,
e do fogo flamejante seus ministros.
²⁴Quão numerosas são tuas obras, SENHOR!
Fizeste-as todas com sabedoria!
A terra está repleta de tuas criaturas.
³⁰Envias teu espírito, eles são criados,
e assim Tu renovas a face da terra.
³³Cantarei ao SENHOR enquanto eu viver;
cantarei louvores ao meu Deus enquanto eu existir.
Bendize, ó minha alma, o SENHOR!

Enviai vosso Espírito, Senhor,
e da terra toda face renovai!

O sacerdócio justo do Senhor

O Salmo apresenta uma visão do futuro, pois o próprio Nosso Senhor Jesus Cristo o aplica a Ele quando diz aos fariseus e saduceus: "Como é então que Davi, em espírito, chama-lhe Senhor, dizendo: disse o Senhor ao meu Senhor, assenta-te à minha direita até que ponha todos os inimigos embaixo dos pés" (Mt 22,43-45). Portanto, o Sl 110 é citado diretamente no Novo Testamento, pois Jesus Cristo é o Rei eterno e Sacerdote para sempre. Aliás, Ele é o único que já nasceu sacerdote, pois os outros, escolhidos por Ele, precisam de um rito para se tornar partícipes do seu ministério sacerdotal. Davi, portanto, fala de um Rei da sua descendência muito mais importante do que ele, a quem chama de Senhor.

O poder do cetro, que domina os inimigos, faz uma alusão a Gn 49,10a com relação à autoridade da tribo de Judá, donde vem Davi e o Messias: "O cetro não se afastará de Judá". Esse domínio é, com certeza, o do Messias, como rezamos no Sl 2,7: "Tu és o meu Filho, eu hoje te gerei". Este sacerdote implantará a justiça em todas as nações.

Sl 110(109)

Oráculo do SENHOR ao meu senhor:
"Senta-te à minha direita,
até que ponha teus inimigos
por escabelo de teus pés!"
²O SENHOR estenderá de Sião o poder do teu cetro:
domina no meio dos teus inimigos!
⁴O SENHOR jurou
e não se arrependerá:
"Tu és sacerdote para sempre,
à maneira de Melquisedec."
⁵O SENHOR à tua direita
esmaga reis no dia de sua ira;
⁶fará justiça contra as nações,
amontoando cadáveres;
Ele esmaga cabeças pela vastidão da terra.
⁷Aquele que bebe da torrente no caminho
poderá, então, erguer a cabeça.

Tu és sacerdote para sempre,
tua justiça se estende sobre todos os povos.

Ação de graças ao Senhor misericordioso

A misericórdia é cantada em toda a Sagrada Escritura como um atributo do nosso Deus, uno e trino, por isso devemos rezar com louvores e ações de graças, pois suas obras são majestosas e seu caminho é a justiça. Deus nunca aceitou as injustiças e se compadece daquele que é humilhado e marginalizado; com estes demonstra a força de seu braço na clemência e misericórdia. Portanto, uma primeira lição que tiramos deste Salmo é a humildade, pois assim temos certeza que o Senhor olha por nós.

Para aqueles que são justos e humildes, Ele providencia o alimento e tudo que é necessário para a subsistência física e espiritual. É por isso que devemos confiar em seus preceitos, pois desse modo, a redenção se confirma em cada um de nós.

Sl 111(110)

Darei graças ao SENHOR, de todo coração,
no conselho dos justos e na assembleia.
²Grandes são as obras do SENHOR,
dignas de estudo para quem as aprecia.
³Sua ação é majestosa e magnífica,
sua justiça dura para sempre.
⁴Fez memoráveis suas maravilhas,
o SENHOR misericordioso e clemente.
⁵Deu alimento aos que o temem,
sempre lembrado de sua aliança.
⁶Mostrou a seu povo o poder de suas obras,
dando-lhe a herança das nações.
⁷As obras de suas mãos são verdadeiras e justas,
e todos os seus preceitos merecem confiança:
⁹Ele enviou a seu povo a redenção,
promulgou para sempre sua aliança.
Seu nome é santo e temível.

*O Senhor, clemente e misericordioso,
enviou-nos a redenção e é fiel à sua aliança.*

O Senhor inclui os desvalidos

O Salmo inicia com um convite à louvação do nome do Senhor, assim se reconhece a sua grandeza e preocupação com a humanidade, pois ao baixar o olhar para a terra, demonstra a sua solicitude para com todos nós; incluindo o desvalido, o pobre e a mulher estéril. Esta se torna mãe fecunda e aqueles se sentarão entre os nobres do seu povo. Por tão grandes feitos, o louvor deverá ser ininterrupto durante todo o dia, do nascer ao pôr do sol.

Este Salmo poderá ser rezado ou cantado em nossos momentos de alegria, por isso mesmo ele é sempre escolhido na Liturgia das Horas para as primeiras vésperas das solenidades. O cristão por se sentir salvo e próximo de seu Deus, pela graça dos sacramentos, rejubila, e por isso louva aquele que é a causa do seu regozijo.

Sl 113(112)

Louvai, servos do SENHOR,
louvai o nome do SENHOR!
²Bendito seja o nome do SENHOR
desde agora e para sempre!
³Desde o nascer do sol até o ocaso,
louvado seja o nome do SENHOR!
⁴Excelso é o SENHOR acima de todas as nações,
e sua glória acima dos céus.
⁵Quem é como o SENHOR nosso Deus,
que tem seu trono nas alturas
⁶e baixa seu olhar
sobre o céu e a terra?
⁷Ele levanta do pó o desvalido,
tira do lixo o pobre,
⁸para fazê-lo sentar-se entre os grandes,
entre os grandes de seu povo.
⁹Faz a mulher estéril presidir o lar,
como feliz mãe de família.

O Senhor protege a estéril
dando-lhe a alegria de ser mãe,
por isso louvado seja o seu nome para sempre.

Alegria pela libertação

A libertação do Êxodo é um fato culminante e de fundamental importância para o povo da antiga aliança (Israel); pois é a sua Páscoa, a verdadeira libertação da escravidão, um acontecimento memorável: "E este dia vos será por memória, e celebrá-lo-eis por festa ao Senhor. Nas vossas gerações o celebrareis como uma instituição perpétua" (Ex 12,14). O Salmo canta esta liberdade e a reconstituição de um povo.

Os prodígios do Senhor são contados; um dos maiores foi a passagem pelo Mar Vermelho a pé enxuto. Lá, Ele aniquilou os cavalos e cavaleiros, e o povo entoou um canto ao Senhor que venceu os inimigos e vence as batalhas (cf. Ex 15). A personificação do mar, do Rio Jordão, dos montes e colinas canta, metaforicamente, esta alegria da liberdade que já era um grande sinal daquela definitiva, a Páscoa de Jesus Cristo, que é instituída dentro deste memorial judaico.

A menção da água do rochedo transformado em manancial lembra-nos aquela água do Espírito Santo que saiu do lado morto de Cristo, na cruz. Ele, o verdadeiro rochedo que fundamenta a nossa libertação do pecado.

Sl 114(113A)

¹Quando Israel saiu do Egito
e a casa de Jacó, do meio de um povo de língua estranha,
²Judá se tornou seu santuário,
e Israel, seu domínio.
³À vista disso, o mar fugiu;
o Jordão voltou para trás.
⁴Os montes saltaram como carneiros,
e as colinas como cordeirinhos.
⁵Que tens, ó mar, que assim foges?
e tu, Jordão, que voltas para trás?
⁶Montes, por que saltais como carneiros?
e vós, colinas, como cordeirinhos?
⁷Estremece, ó terra, na presença do SENHOR,
na presença do Deus de Jacó,
⁸que transforma a rocha em lago,
e a pedra dura em manancial.

O Senhor nos libertou do pecado
e nos constituiu um reino de sacerdotes.

O Senhor escuta aquele que suplica

"Ouve, Israel, o Senhor teu Deus é o único Senhor. Amarás, pois, o Senhor teu Deus de todo o teu coração, e de toda a tua alma e de todas as tuas forças" (Dt 6,4-5). O *shemá* (ouve), a oração feita várias vezes pelo povo judeu, é a mais importante do dia litúrgico judaico. O salmista parece ter este texto impregnado em sua alma, pois afirma que Deus o escuta e por isso o ama.

Diante desta premissa, nós somos convocados a suplicar ao Senhor e apresentá-lo as nossas necessidades, sobretudo nos momentos de tristezas e angústias, pois Ele é justo e misericordioso, sempre nos ouve.

O que dar ao Senhor?, pergunta-se o salmista, por tudo de bom que recebe. Vai oferecer o Sacrifício do Senhor, o cálice da salvação. Aqui, temos uma alusão direta à Eucaristia. Nada há de mais precioso do que ofertar ao Pai o sacrifício redentor do Filho. Esta é a nossa maior forma de agradecimento pelos benefícios que Ele nos faz. A Santa Missa é a mais sublime ação de graças, por isso devemos participar desta celebração de maneira consciente e ativa, deixando-nos interpelar.

Sl 116(114-115)

¹Eu amo o SENHOR,
pois Ele ouve minha voz suplicante.
²Pois inclinou para mim seu ouvido,
por isso o invocarei enquanto eu viver.
³Os laços de morte me envolveram,
perigos infernais me surpreenderam,
e eu me encontrava em angústia e tristeza.
⁴Invoquei o nome do SENHOR:
"Ah! SENHOR, liberta-me!"
⁵O SENHOR é benevolente e justo,
nosso Deus é misericordioso.
⁶O SENHOR cuida da gente simples;
eu era fraco e Ele me salvou.
¹²Como poderei retribuir ao SENHOR
por todos os seus benefícios para comigo?
¹³Elevarei o Cálice da Salvação
e invocarei o nome do SENHOR.
¹⁷Eu te oferecerei um sacrifício de ação de graças
e invocarei o nome do SENHOR.
Que poderei retribuir ao SENHOR?
Oferecerei o Cálice da Salvação.

Ação de graças pelo dia do Senhor

Este Salmo é pascal, pois evoca o dia que o Senhor fez para nós, o domingo da Ressurreição; como também a Pedra, que é Jesus Cristo, que foi rejeitada pelos construtores, mas que se tornou a pedra angular (principal). Por isso, esta oração se inicia e termina com um canto de ação de graças à bondade do Senhor e à sua misericórdia, que é infinita.

O Senhor é a Porta da salvação, por ela só os justos entrarão: "Tornou, pois, Jesus a dizer-lhes: em verdade, em verdade vos digo que sou a porta das ovelhas" (Jo 10,7). Foi esta porta que nos salvou e por isso damos graças pelo dia do resgaste. É um dia de júbilo, pois o Senhor, vencendo a morte, devolveu-nos o paraíso perdido.

Todo domingo é dia santo e feriado, por fazer memória deste acontecimento que é fundamental para a nossa fé e, ainda, por antecipar o grande dia do Senhor, quando Ele nos chamar para o seu convívio no face a face.

Sl 118(117)

¹Dai graças ao SENHOR, pois Ele é bom,
pois seu amor é para sempre.
¹⁹Abri-me as portas da justiça
e entrarei para dar graças ao SENHOR!
²⁰Esta é a porta do SENHOR,
por ela entrarão os justos.
²¹Dou-te graças, porque me respondeste
e foste minha salvação.
²²A pedra que os construtores rejeitaram
tornou-se a pedra principal.
Isto vem do SENHOR:
é uma maravilha aos nossos olhos!
²⁴Este é o dia que o SENHOR fez,
festejemos e alegremo-nos nele!
²⁹Dai graças ao SENHOR, pois Ele é bom,
pois seu amor é para sempre!

Este é o dia que o Senhor fez para nós,
exultemos e alegremo-nos nele, aleluia!

Alegria por cumprir os preceitos do Senhor

A Lei do Senhor é sempre uma lâmpada para o nosso caminhar. O próprio Jesus nos diz que: "Aquele que me ama guarda os meus mandamentos" (Jo 14,21). Os que andam na Lei do Senhor e cumprem os seus preceitos fielmente terão proteção para sempre, pois seguir os seus caminhos é uma preciosidade e alegria para o coração.

Como sabemos Jesus resume a Lei no amor a Deus e ao próximo. Se seguirmos este mandamento não faremos mal a ninguém e teremos uma conduta exemplar, pois seremos conhecidos como discípulos seus, se nos amarmos uns aos outros.

Prometendo observar esta Lei, seremos felizes.

Sl 119(118)

¹Felizes os de conduta perfeita,
os que andam na lei do SENHOR.
²Felizes os que guardam suas prescrições
e o buscam de todo o coração,
³que não cometem mal algum,
mas andam em seus caminhos.
⁴Promulgaste teus preceitos
para que sejam observados com diligência.
⁵Oxalá se firme minha conduta
para que eu observe teus decretos.
⁶Então não terei de me envergonhar,
ao ficar atento a todos os teus mandamentos.
⁷Vou louvar-te com coração reto,
ao aprender tuas justas decisões.
⁸Observarei os teus decretos:
não me abandones de todo!

*Senhor, eu me alegro
em cumprir fielmente vossa Lei.*

Confiança na proteção do Senhor

A confiança é uma profissão de fé integral, pois só através dela é que o homem pode, com todo o seu ser, suplicar ao Senhor. Interessante que o salmista começa com a expressão: "Eu levanto os olhos para os montes". O monte, na Sagrada Escritura, é sempre lugar de teofania[5]. No Monte Sinai, Deus faz aliança com seu povo (cf. Ex 24); no Carmelo, Elias venceu os profetas de Baal (cf. 1Rs 18,20ss.); no Tabor, Jesus se transfigurou (cf. Mt 17,1-13); no Calvário, Ele nos resgatou (cf. Lc 23,33). Portanto, todo o socorro vem do Senhor que está sempre vigilante para nos guardar de todo mal. Nada nos poderá molestar, pois o Senhor está atento para nos proteger.

---

5 Manifestação de Deus.

Sl 121(120)

Levanto os olhos para os montes:
donde me virá o socorro?
²O meu socorro vem do SENHOR,
que fez o céu e a terra.
³Ele não deixará que teus pés vacilem;
não cochila aquele que te guarda.
⁴Não, não cochila nem dorme
aquele que guarda Israel.
⁵O SENHOR é o teu guarda:
o SENHOR é a tua sombra, Ele está à tua direita.
⁶O sol não te molestará de dia,
nem a lua de noite.
⁷O SENHOR te guardará de todo mal,
Ele guardará tua vida.
⁸O SENHOR guardará tuas idas e vindas,
desde agora e para sempre.

O Senhor me protege de toda maldade,
nele confio e espero.

Entrar na casa de Deus

Jerusalém é a morada do Grande Rei, portanto a casa de Deus, um lugar de peregrinação do povo eleito. Davi, autor deste Salmo, desejou juntar o povo de Deus para adoração. Durante o seu reinado, ele escolheu esta cidade como lugar de unidade nacional.

Temos aqui uma descrição da alegria do peregrino ao chegar a Jerusalém para adorar o seu Deus, em contraste com aqueles que não podem chegar até lá, mesmo em espírito, pois hoje em todo lugar e a qualquer hora se pode adorar ao Senhor (cf. Jo 4,21-24).

Em seguida, descreve a própria cidade santa que é grande e bem fortalecida, sendo o lugar ideal para se deter diante de Deus. Todas as tribos de Israel sobem para o louvor, pois lá está o trono de Davi, de quem descenderia o nosso Salvador.

Finalmente, o salmista reza por Jerusalém pedindo que a paz e a tranquilidade reinem em seus muros.

Jerusalém, hoje, é o nosso corpo, templo do Espírito Santo. Se nós desejarmos que Ele entre nesta nossa casa, devemos nos abrir à sua unção e ficaremos em paz.

Sl 122(121)

Alegrei-me, quando me disseram:
"Vamos à casa do SENHOR!"
²Nossos pés pararam
às tuas portas, Jerusalém.
³Jerusalém está construída como cidade,
um conjunto bem ajustado.
⁴Para lá subiram as tribos,
as tribos do SENHOR,
segundo a lei de Israel,
para louvar o nome do SENHOR.
⁵Porque lá foram estabelecidas a sede da justiça
e a sede da casa de Davi.
⁶Rogai pela paz de Jerusalém:
"Que vivam tranquilos os que te amam!
⁷Que a paz reine dentro de tuas muralhas,
a tranquilidade em teus palácios!"

Meus pés se detêm ante Jerusalém,
nela encontrarei felicidade.

Prece pela ajuda divina

Na Sagrada Escritura, a expressão: "os olhos do Senhor" significa que Deus é onisciente e, portanto, sempre presente. Ele nos vê em todo momento e lugar fazendo com que tenhamos uma postura de vigilância. Em Pr 15,3 temos: "Os olhos do Senhor estão em toda parte, observando atentamente os maus e os bons". E, ainda no Sl 34,15: "Os olhos do Senhor voltam-se para os justos e os seus ouvidos estão atentos ao seu grito de socorro". Por outro lado, o nosso olhar, também, deverá estar voltado para Ele e com a humildade de um escravo, rogando que se compadeça de nós e venha nos ajudar diante da perseguição e desprezo dos arrogantes, características que se opõem às atitudes dos humildes.

Sl 123(122)

Levanto os olhos para ti,
que habitas nos céus.
²Como os olhos dos escravos
se fixam na mão de seus senhores,
e como os olhos da escrava,
na mão de sua senhora,
assim nossos olhos
se fixam no SENHOR nosso Deus,
até que tenha piedade de nós.
³Piedade, SENHOR, piedade,
pois já estamos saturados de desprezo!
⁴Nossa alma está por demais saturada
do escárnio dos abastados,
do desprezo dos arrogantes.

Tenho os olhos sempre fitos no Senhor,
Ele me livra do desprezo dos soberbos.

Alegria pela reconquista da terra

A experiência do Exílio da Babilônia deixou o Povo de Deus triste e com saudades de Sião. O anúncio de retorno à sua nação, por decisão de Ciro, rei da Pérsia, causou grande alegria que nem parecia realidade, pois quando o Senhor reconduziu os cativos, o povo parecia sonhar, enchendo de sorriso suas bocas e os lábios de canções.

A ação de graças é o canto de louvor pelas grandes coisas que o Senhor realiza. O salmista, ainda, faz uma comparação com a plantação, pois a semeadura é sempre dura, mas quando chega o período da colheita, a alegria, por conta da abundância de alimentos, é imensa. Assim, quando o povo eleito saiu para o exílio foi doloroso, como aquele que sai para plantar; mas quando retorna, vem cheio de júbilo carregando os feixes da plantação.

Assim, também, quando estamos em pecado; nós mesmos nos exilamos do Senhor, mas quando caímos em si e voltamos pelo arrependimento e recepção do Sacramento da Reconciliação, a alegria se faz.

Sl 126(125)

Quando o SENHOR mudou a sorte de Sião,
estávamos como quem sonha;
²então se enchia de riso nossa boca,
nossa língua de júbilo.
Então se dizia entre as nações:
"O SENHOR fez por eles grandes coisas".
³Grandes coisas fez por nós o SENHOR
estávamos alegres.
⁴SENHOR, muda a nossa sorte,
como as torrentes do Negueb.
⁵Os que semeiam com lágrimas
colhem com júbilo.
⁶Ao sair, ia chorando,
levando a bolsa de sementes;
ao voltar, vem cantando,
trazendo seus feixes.

Confiei no teu amor e retornei,
por isso os meus lábios te louvam, Senhor!

Aquele que teme o Senhor será abençoado

O temor do Senhor é um dom do Espírito Santo e é diferente de tremor, que quer dizer ter medo. O temor é um respeito amoroso. Aquele que o teme será abençoado.

Esta bênção se manifesta pelos frutos do trabalho, da prosperidade e felicidade; e ainda, pela vida feliz ao lado de sua família: esposa e filhos.

Infelizmente, vivemos em um contexto de desestruturação familiar em que estar com os filhos e a esposa à mesa é cada vez mais raro e, mesmo estando lá, todos, na maioria das vezes, ficam navegando nos telefones celulares, ou seja, se dá mais valor à presença virtual do que à real. Mas, mesmo com essas mudanças de valores, nós, como cristãos, testemunhamos a união familiar porque, desse modo, o homem e a mulher serão abençoados e verão os filhos de seus filhos.

Sl 128(127)

Feliz aquele que teme o SENHOR
e segue seus caminhos!
²Comerás do fruto de teu trabalho,
para tua felicidade e prosperidade.
³Tua esposa será como videira fecunda
no interior de tua casa;
teus filhos, como rebentos de oliveira
ao redor de tua mesa.
⁴Eis como será abençoado
o homem que teme o SENHOR.
⁵De Sião, o SENHOR te abençoe,
e verás a prosperidade de Jerusalém
todos os dias de tua vida,
⁶e verás os filhos de teus filhos!
Paz sobre Israel!

*Aquele que teme o Senhor
será abençoado e verá sua descendência.*

Esperança no Senhor

Temos aqui um Salmo penitencial em que o salmista almeja o perdão de Deus. Estrutura-se em quatro blocos: o clamor pela misericórdia do Senhor; o reconhecimento do perdão; expectativa em receber a absolvição e, finalmente, clama por misericórdia.

No auge do desespero, o orante reconhece a própria culpa que toma conta do seu interior.

Nesse contexto, o tema da esperança se torna central, por isso sua alma espera confiante na Palavra, assim como o vigia aguarda o amanhecer. A misericórdia de Deus se revela pela redenção copiosa que Ele nos deu através de seu Filho, na cruz, pois lá redimiu as nossas iniquidades.

Que a nossa esperança nunca deixe de existir, pois como nos diz São Paulo: "A fidelidade comprovada produz a esperança e esta não decepciona, pois o amor de Deus foi derramado em nossos corações pelo Espírito Santo que nos foi dado" (Rm 5,4b-5).

Sl 130(129)

Das profundezas clamo a ti, SENHOR:
²Senhor, escuta minha voz;
teus ouvidos estejam atentos
à voz da minha súplica!
³Se levares em conta, SENHOR, as culpas,
Senhor, quem poderá subsistir?
⁴Mas contigo está o perdão,
 pelo que és reverenciado.
⁵Aguardo o SENHOR, aguardo com toda a minha alma
e espero na sua palavra.
⁶Minha alma espera no Senhor,
mais que as sentinelas pela aurora,
bem mais que as sentinelas pela aurora.
⁷Israel, põe tua esperança no SENHOR,
pois no SENHOR há misericórdia
e junto dele, copiosa redenção.
⁸É Ele que redime Israel
de todas as suas iniquidades.

A esperança não decepciona
porque o Senhor nos traz copiosa redenção.

Vivenciar o amor fraterno

A caridade fraterna nos distingue como cristãos e verdadeiros seguidores de Jesus Cristo. Podemos exercê-la de várias maneiras, através da ajuda material, mas, sobretudo, pelo cuidado que devemos ter uns com os outros, na escuta e atenção. Jesus Cristo, na véspera de sua Paixão e Morte, deixou-nos esse novo preceito como testamento: "Um novo mandamento vos dou: que vos ameis uns aos outros, assim como eu vos amei; desta maneira tenhais amor uns para com os outros" (Jo 13,34). Também, nesta mesma noite em que foi entregue, reza pela unidade dos seus seguidores: "Para que todos sejam um, Pai, como Tu estás em mim e eu em ti. Que eles também estejam em nós, para que o mundo creia que Tu me enviaste" (Jo 17,21).

O Salmo, fazendo uso da comparação, afirma que viver como irmãos é bom; como o óleo que escorre em abundância e o orvalho que cai, sinal do Espírito Santo: "Quem crê em mim, como diz a Escritura, rios de água virão correr do seu ventre. E isto, disse Ele do Espírito que haviam de receber os que nele cressem" (Jo 7,38-39a).

Vivamos, portanto, na fraternidade, como irmãos unidos, e o Senhor nos abençoará.

Sl 133(132)
Como é bom e agradável
irmãos viverem unidos!
²É como óleo precioso sobre a cabeça,
a escorrer pela barba,
a barba de Aarão,
a escorrer pela gola de suas vestes.
³É como o orvalho do Hermon
que cai sobre os montes de Sião.
É ali que o SENHOR dá a bênção,
a vida para sempre.

*Feliz quem ama a fraternidade
e perdoa o seu irmão.*

O Senhor dá a coroa aos que vigiam

Estar bem acordado para o Senhor é uma postura de oração que remonta aos primeiros séculos do cristianismo; aliás, o próprio Nosso Senhor Jesus Cristo se recolhia durante a noite e pela madrugada para se encontrar a sós, em oração, com o Pai; sobretudo quando ia tomar grandes decisões, como no momento que escolheu os apóstolos: "E ocorreu naquela ocasião que Jesus se retirou para um monte a fim de rezar, e atravessou toda a noite em oração a Deus. Logo ao nascer do dia, convocou seus discípulos e escolheu, dentre eles, doze, a quem também designou como apóstolos" (Lc 6,12-13).

Nosso Pai São Bento, na Regra que escreveu para os mosteiros, apresenta-nos um código litúrgico e destaca a oração noturna de vigília como um momento privilegiado para o encontro com o Senhor. Ele nos exorta no capítulo décimo: "Da Páscoa até 1º de novembro, mantenha-se, quanto à salmodia, a mesma medida [...]; as lições do livro, porém, por causa da brevidade das noites, não são lidas; em lugar dessas três lições, seja recitada de memória uma do Antigo Testamento, seguida de responsório breve [...]. Que nunca se digam nas vigílias noturnas menos de doze Salmos além do terceiro e do nonagésimo quarto". Como se vê, a base do Ofício Divino (Liturgia das Horas), para São Bento, são os Salmos.

Portanto, mesmo à noite, louvemos o Senhor com mãos erguidas!

Sl 134(133)
Vinde, bendizei o SENHOR
vós todos, servos do SENHOR,
que permaneceis durante a noite
na casa do SENHOR.
²Erguei as mãos para o santuário
e bendizei o SENHOR!
³De Sião te abençoe o SENHOR,
que fez o céu e a terra.

Senhor, para ser abençoado,
dia e noite eu te louvo.

Saudades do Senhor

Os soldados de Edom invadiram e destruíram Sião (Jerusalém), raptando seus filhos e levando-os para o exílio da Babilônia. Este Salmo, portanto, trata das saudades do Povo de Deus da terra querida, que havia recebido como promessa pela aliança feita com o Criador. Essa nostalgia leva à tristeza e, até mesmo, à falta de esperança, por isso não tinha coragem de entoar os cantares do Senhor em terra estranha, cercado de raptores que devastaram a sua morada. Este povo preferiu ficar mudo ou perder a mão direita se não pudesse cantar com alegria e amor à sua pátria amada e derrotada, Jerusalém. Mas não perdeu a fé de que um dia sua terra voltaria ao poder e cobrariam dos invasores todo mal que lhes impuseram. Não esquecer sua nação em circunstância nenhuma dava-lhe força para suportar o exílio.

Podemos interpretar a Jerusalém terrestre como a Cidade do Céu, de quem temos saudades e para onde nós caminhamos na fé, pois um dia, por conta do pecado, de lá saímos. Diz-nos São Paulo: "Mas a nossa cidade está nos céus, de onde também esperamos o Salvador, o Senhor Jesus Cristo, que transformará o nosso corpo abatido, para ser conforme o seu corpo glorioso, segundo o seu poder de sujeitar também a si todas as coisas" (Fl 3,20-21).

Sl 137(136)

¹Junto aos rios da Babilônia
sentamo-nos a chorar,
lembrados de Sião.
² Nos salgueiros da vizinhança
penduramos nossas harpas.
Pois ali nossos deportadores nos pediram cânticos
e nossos opressores, alegria:
"Cantai para nós algum cântico de Sião!"
⁴Como entoar um cântico do SENHOR
em terra estrangeira?
⁵Se me esquecer de ti, Jerusalém,
que se paralise minha mão direita!
⁶Pegue-se minha língua ao céu da boca,
se não me lembrar de ti;
se não fizer de Jerusalém
a minha suprema alegria!

*Ao Senhor, eu cantarei eternamente,
na cidade do céu, na terra dos vivos.*

Ação de graças pelo auxílio do Senhor

O agradecimento é fundamental quando recebemos o favor de alguém. Assim, o salmista louva a Deus por sua fidelidade, pois cumpre suas promessas para conosco; basta que o invoquemos, e Ele sempre nos responderá e virá nos socorrer.

A humildade se faz necessária, já que ela comove o coração de Deus, pois os soberbos, aqueles que se acham donos da verdade, não têm vez com o Senhor. Mesmo na angústia e tristeza, Ele nos faz reviver, dando sentido ao nosso existir.

Neste Salmo, observa-se a fé inabalável do poeta em colocar a sua esperança nas mãos de Deus, pois sabe que o Senhor fará tudo por ele, só é preciso invocá-lo com fé. Assim, devemos fazer, sobretudo, nos momentos de cruz, quando muitos abandonam a Igreja e partem em busca de outra religião, ou mesmo viram ateus e céticos. Devemos pedir sempre que Deus aumente a nossa fé para que nos momentos da prova permaneçamos fiéis, confiando no seu auxílio.

Sl 138(137)

Eu te dou graças, SENHOR, de todo o meu coração,
canto teus louvores diante dos deuses.
²Prostro-me em direção do teu santo templo
e dou graças ao teu nome,
por teu amor e tua fidelidade,
pois fizeste tuas promessas superar toda a tua fama.
³No dia em que te invoquei, tu me respondeste,
estimulaste a força da minha alma.
⁴Rendam-te graças, SENHOR, todos os reis da terra,
quando ouvirem as promessas de tua boca!
⁶Pois o SENHOR é sublime, mas vê os humildes
e de longe reconhece o soberbo.
⁷Se andar em plena angústia,
tu me fazes reviver;
⁸O SENHOR fará tudo por mim. SENHOR, teu amor dura para sempre:
não abandones as obras de tuas mãos!

Ó Senhor, de coração, eu vos dou graças
porque me fizestes reviver.

O Senhor nos conhece e nos dá a mão

A onisciência de Deus faz com que Ele nos conheça integralmente. Antes mesmo que nós fôssemos concebidos, nós já estávamos em seu pensamento. Não podemos fugir da sua presença, o que nos tranquiliza, pois nos protege e sempre estende a sua mão sobre nós para nos socorrer; desse modo, devemos nos alegrar pela proteção constante do Senhor.

Diante deste fato, damos graças a Deus pela sua criação e, mais ainda, agradecemos pela perfeição com que nos criou à sua imagem e semelhança, pois, como Ele, podemos transformar e reciclar a criação tendo em vista o nosso bem e o dos outros, como também fazermos escolhas, e delas dependerá o nosso futuro.

Agradeçamos sempre esta proteção constante do Senhor.

Sl 139(138)

SENHOR, Tu me sondaste e me conheces:
²sabes quando me sento e quando me levanto,
de longe percebes os meus pensamentos.
³Discernes minha caminhada e meu descanso
e estás a par de todos os meus caminhos.
⁴A palavra ainda não chegou à minha língua,
e Tu, SENHOR, já a conheces toda.
⁵Tu me envolves por trás e pela frente,
e pões sobre mim tua mão.
⁶Tal conhecimento é para mim demasiado maravilhoso,
tão elevado que não o posso atingir.
⁷Aonde irei para estar longe do teu espírito?
Aonde fugirei, longe de tua presença?
⁸Se eu escalar o céu, aí estás;
se me deitar nas profundezas, também aí estás.
⁹Se me apossar das asas da aurora
e for morar nos confins do mar,
¹⁰também aí tua mão me conduz,
tua destra me segura.
¹⁴Graças te dou pela maneira espantosa
como fui feito tão maravilhosamente.
Maravilhosas são tuas obras;
sim, eu bem o reconheço.

Eu te dou graças, ó Senhor,
porque colocas sobre mim a tua mão.

Oração contra os ímpios

Este Salmo trata, particularmente, dos maus e implora um julgamento divino para esses perversos. O salmista pede para ser preservado dos ímpios, como também faz uma profissão de fé no Senhor declarando a sua certeza que Ele libertará o aflito.

Nós, também, devemos clamar a Deus nos momentos de perseguição, sobretudo naquelas horas em que somos caluniados por causa do seu Reino, pois devemos nos alegrar. A nona bem-aventurança nos dá essa esperança: "Bem-aventurados sereis quando vos caluniarem, quando vos perseguirem e disserem, falsamente, todo o mal contra vós por causa de mim. Alegrai-vos e exultai, porque será grande a vossa recompensa nos céus" (Mt 5,11-12a).

O caluniador não tem Deus no coração e, às vezes, usa o seu nome em benefício próprio, para pecar. Nos dias de hoje, deparamo-nos com muitos homens maus que estão usando a violência para matar, assaltar, negligenciar o sofredor. Essas pessoas estão rejeitando o conhecimento de Deus e dando espaço para o maligno. Devemos rezar por elas e por nós, como o salmista, que tem convicção de que será atendido, pois Deus defende a causa do oprimido e faz justiça aos pobres.

Sl 140(139)

²Livra-me, SENHOR, do homem mau,
preserva-me do homem violento,
³daqueles que planejam maldades no coração
e todo dia provocam brigas!
⁴Eles aguçam sua língua como a da serpente;
têm veneno de víbora atrás dos seus lábios.
⁵SENHOR, guarda-me das mãos do ímpio,
preserva-me do homem violento,
daqueles que tramam minha queda!
⁹SENHOR, não cedas às ambições do ímpio!
Não deixes que tenham êxito as intrigas deles!
¹³Sei que o SENHOR defende a causa do oprimido
e faz justiça aos pobres.
¹⁴Sim, os justos darão graças a teu nome,
os retos habitarão em tua presença.

A ti, Senhor, confiei a minha causa,
fazei-me justiça diante dos ímpios.

Súplica pela proteção divina

A pressa do orante demonstra que ele está em aflição e que confia no Senhor. Compara a sua oração com a fumaça do incenso, numa alusão direta às oferendas da tarde que se ofereciam no templo em forma de prece ou sacrifícios. O incenso significa a nossa oração que sobe ao trono de Deus. O Livro do Apocalipse nos diz: "E veio outro anjo, e se pôs junto ao altar, tendo um incensário de ouro; e foi-lhe dado muito incenso para pôr com as orações de todos os santos sobre o altar de ouro que está diante do trono" (Ap 8,3). Aqui lembramos também do sacerdote Zacarias, pai de João Batista, que recebeu o anúncio do anjo sobre o nascimento do seu filho enquanto oferecia a oferta da tarde ao lado do altar do incenso: "Chegando a hora de oferecer incenso, o povo estava orando do lado de fora" (Lc 1,10).

O salmista pede ao Senhor que lhe proteja os lábios para que não diga palavras que ofendam, mas que as use somente para bendizer. A correção fraterna, ressaltada na Sagrada Escritura e nas regras das comunidades religiosas, também aparece aqui, pois se for feita por amizade e amor, é útil para que se vejam os erros e se volte ao caminho do Senhor.

Com fé, supliquemos a Deus que nos proteja de todas as ciladas dos malfeitores.

Sl 141(140)

SENHOR, por ti eu clamo: vem depressa!
Escuta minha voz, quando te invoco!
²Que minha oração seja o incenso diante de ti,
minhas mãos erguidas, a oferenda vespertina!
³SENHOR, põe uma guarda à minha boca,
fica de vigia à porta de meus lábios!
⁵Que, por amizade, o justo me bata e me corrija,
mas que o óleo do inimigo jamais perfume a minha cabeça.
Sim, contínua é minha oração apesar de suas maldades!
⁹Guarda-me da cilada que me armaram
e das armadilhas dos malfeitores!

> *O Senhor me defende do mal,*
> *com Ele não tenho o que temer.*

Pedido de libertação

A fidelidade do Senhor motiva Davi a fazer o seu pedido: ficar livre do inimigo. Coloca-se, assim, como um servo com toda a humildade. Esse inimigo o obriga a habitar os lugares escuros como acontece com os mortos em suas sepulturas. Ele poderá ser o Rei Saul, que o perseguia, ou mesmo vários inimigos, por isso está abalado em seu interior e desanimado. Mas, apesar desse impulso para desistir, recobra as forças e põe sua confiança no Senhor: "Senhor, escuta a minha oração e atende as minhas súplicas; reponde-me por tua fidelidade" (v. 1). Ele sabe que permanece diante de Deus porque tem certeza do perdão recebido.

O mesmo acontece em nosso interior, pois convivemos com situações extremas e, às vezes, até mesmo de perseguição, mas sabendo que o Senhor é sempre fiel, apegamo-nos a Ele e rogamos pela libertação. Esse pedido deverá ser feito sem perda de tempo, mesmo passando pela noite até o amanhecer, tendo confiança que o Senhor nos mostrará o caminho a ser seguido a partir de sua vontade. Como dizemos na oração do Pai-nosso: "Seja feita a tua vontade, assim na terra como no céu".

Sl 143(142)
SENHOR, escuta minha oração,
atende as minhas súplicas;
responde-me por tua fidelidade e justiça!
²Não entres em julgamento com teu servo,
pois nenhum ser vivo é justo diante de ti.
³Pois o inimigo me perseguiu,
calcando por terra minha vida;
ele me fez habitar nas trevas,
como os mortos há muito tempo.
⁸Faze-me ouvir pela manhã teu amor,
pois é em ti que eu confio.
Dá-me a conhecer o caminho que devo seguir,
pois a ti elevo a minha alma.
⁹SENHOR, livra-me dos meus inimigos,
pois me refugiei junto a ti.
¹⁰Ensina-me a fazer tua vontade,
pois Tu és meu Deus.

Mostra-nos, Senhor, o caminho a seguir,
e faremos a tua vontade.

Ação de graças pela proteção de Deus

A proteção de Deus é uma constante em muitos Salmos, como na Sagrada Escritura em geral. Ela está acima de fetiches e simpatias que desejam, apenas, sanar problemas, em que a fé é vista como uma utilidade imediata. Deus cuida de nós como a mãe cuida dos filhos. O Profeta Isaías já atesta esta comparação: "Assim como a mãe consola seu filho, também eu os consolarei; em Jerusalém vocês serão consolados" (Is 66,13).

A abundância é a prova desta proteção divina, como: filhos e filhas robustos e bonitos; celeiros repletos de provisões; muitos rebanhos vigorosos nos campos. Não têm mais medo do exílio e nem de clamores nas praças, pois o Senhor é a fortaleza e proteção de todo o seu povo.

Ora, nós somos o povo do Senhor porque fomos reunidos em seu nome pelo Batismo. Inseridos no Mistério Pascal de Jesus Cristo somos livres para sempre e, por isso, demos graças ao Senhor.

Sl 144(143)

³SENHOR, que é o homem, para dele tomares conhecimento,
o ser humano, para pensares nele?
¹¹Salva-me e livra-me da mão dos estrangeiros.
Sua boca fala mentiras
e sua direita jura falso!
¹²Assim, nossos filhos serão como plantas,
já desenvolvidos na adolescência;
nossas filhas, como colunas bem talhadas,
como esculturas de um palácio.
¹³Nossos celeiros estarão repletos,
fornecendo provisões e mais provisões.
Nossos rebanhos se multiplicarão aos milhares,
às dezenas de milhares pelos nossos campos.
¹⁴Nossos bois serão vigorosos;
não haverá invasão nem exílio,
nem clamor em nossas praças.
¹⁵Feliz o povo ao qual isto acontece!
Feliz o povo cujo Deus é o SENHOR!

Ó Senhor, para sempre eu te darei graças,
porque me livras da mão dos estrangeiros.

Esperança no Senhor

Diz o Apóstolo Paulo: "A esperança não decepciona, porque o amor de Deus foi derramado em nossos corações, por meio do Espírito Santo que Ele nos concedeu" (Rm 5,5). Somos felizes todos nós que temos esperança no Senhor, pois possuímos a certeza que Ele sempre virá nos socorrer cada vez que o invocarmos.

O Salmo faz comparação entre a fidelidade do Senhor e a fraqueza humana, por isso se inicia com uma louvação a Deus, a qual o salmista se compromete por toda vida. O ser humano, na sua fragilidade, pode perder o alento; ter seus planos frustrados e voltará ao pó, mas quem espera no Senhor é feliz.

O motivo da louvação são os feitos que Ele realiza: faz justiça aos oprimidos, alimenta os famintos, solta os prisioneiros, abre os olhos do cego, endireita os encurvados, ama os justos, protege o órfão, as viúvas e migrantes, confundindo o caminho dos ímpios, aqueles que se bastam por si sós e não esperam nele. Quanto a nós, coloquemos nossa esperança no Senhor.

Sl 146(145)

Louva, ó minha alma, o SENHOR!
²Louvarei o SENHOR enquanto eu viver,
cantarei louvores a meu Deus enquanto eu existir.
³Não conteis com os príncipes,
com o ser humano, no qual não há salvação.
⁴Ao esvair-se o seu alento, ele volta ao seu pó;
no mesmo dia seus planos se apagam.
⁵Feliz aquele que tem por ajuda o Deus de Jacó,
e por esperança o SENHOR, seu Deus.
⁶Ele que fez o céu e a terra,
o mar e tudo quanto neles existe.
⁷Ele que guarda fidelidade para sempre,
faz justiça aos oprimidos,
dá pão aos que têm fome.
O SENHOR solta os prisioneiros,
⁸o SENHOR abre os olhos aos cegos,
o SENHOR endireita os encurvados,
o SENHOR ama os justos,
⁹o SENHOR protege os migrantes,
ampara o órfão e a viúva,
mas confunde o caminho dos ímpios.
¹⁰O SENHOR reinará eternamente;
Ele é teu Deus, ó Sião, de geração em geração.

Quem espera no Senhor
é feliz para sempre.

A humildade compadece o Senhor

Aqui, também, aparecem os humildes em oposição aos ímpios. O Senhor, sempre, se volta para aqueles que se humilham e reconhecem suas faltas para corrigi-las. Os humildes confiam e colocam a sua esperança nas mãos de Deus.

São Paulo nos alerta para esta atitude em várias de suas cartas: "Com toda a humildade e mansidão, com longanimidade, suportai-vos uns aos outros no amor" (Ef 4,2). "Nada façais por ambição ou vanglória; mas com humildade, cada um considere os outros superiores a si mesmo" (Fl 2,3). Portanto, para conviver bem com os outros se faz necessária uma atitude humilde a fim de que as relações interpessoais aconteçam a partir do princípio da igualdade. Os ímpios, por sua vez, glorificam a si próprios e são ambiciosos.

Optemos por ser humildes e louvemos ao Senhor por sua grandeza e compaixão para conosco. Demos a Ele ações de graças ao som das cítaras e outros instrumentos.

Sl 147(146-147)

Como é bom cantar ao nosso Deus;
como é agradável dar um louvor condigno!
²O SENHOR reconstrói Jerusalém,
reúne os deportados de Israel;
³cura os corações esmagados
e cuida de suas feridas.
⁴Ele fixa o número das estrelas,
a cada uma dá um nome.
⁵Nosso Senhor é grande e cheio de força;
é infinita sua inteligência.
⁶O SENHOR sustenta os humildes,
mas rebaixa os ímpios até o chão.
⁷Entoai ao SENHOR a ação de graças,
cantai ao nosso Deus na cítara!
¹¹O SENHOR aprecia aqueles que o temem,
os que esperam por seu amor.
¹²Glorifica o SENHOR, Jerusalém!
Sião, louva teu Deus!
¹³Pois Ele reforçou as trancas de teus portões
e abençoou teus filhos em teu meio.
¹⁴Ele dá a paz em tuas fronteiras, Ele te sacia com a flor
do trigo.

Louvemos o Senhor,
que eleva os humildes.

Louvor das criaturas

A estrutura deste Salmo lembra o canto das criaturas em Daniel (cf. 3,57-88). Toda a criação é convidada para o louvor do seu Criador. A imensidão do nosso Deus supera todo entendimento, mas ao mesmo tempo Ele está muito próximo de nós pela compreensão da fé e o discernimento que o Espírito Santo nos dá. Aliás, o próprio Jesus Cristo disse: "Tenho ainda muita coisa a vos dizer, mas vós não podeis compreender agora. Quando vier o Espírito da verdade, Ele vos conduzirá a toda verdade" (Jo 16,12-14).

É, portanto, o Espírito que faz os homens e mulheres reconhecerem, nas coisas criadas, a presença de Deus e se extasiar com sua grandeza através dessa oração de louvor. A convocação é para que todos louvem o Senhor, pois Ele é o único Deus. E, assim, dará vigor a todos nós.

Sl 148

Louvai o senhor do alto dos céus,
louvai-o nas alturas!
²Louvai-o vós todos, seus anjos,
louvai-o vós todos, seus exércitos!
³Louvai-o, sol e lua,
louvai-o vós todas, estrelas brilhantes!
⁴Louvai-o vós, os mais altos céus,
louvai-o, águas que estais sobre os céus!
⁵Que eles louvem o nome do senhor,
pois Ele mandou, e foram criados.
⁶Ele os fixou para todo o sempre,
ao promulgar uma lei, que não passará.
⁷Louvai o senhor, vós da terra;
dragões e vós, todas as profundezas do oceano,
⁸fogo e granizo, neve e neblina;
vento de tempestade, dócil à sua palavra;
⁹montanhas e todas as colinas,
árvores frutíferas e todos os cedros;
¹⁰todos os animais selvagens e domésticos,
répteis e aves que voam;
¹¹reis da terra e todos os povos,
príncipes e todos os chefes da terra;
¹²moços e vós também moças,
velhos e crianças!
¹³Que eles louvem o nome do senhor,
pois seu nome é o único que é sublime!
Sua majestade, sobre o céu e a terra,
¹⁴suscita o vigor de seu povo,
o louvor de todos os seus fiéis,
dos israelitas, o povo que lhe está próximo.

Louvarei o Senhor para sempre,
contemplando as suas obras.

A vitória dos humildes

O Salmo canta a vitória dos humildes e daqueles que se deixam conduzir pelo Senhor. A humildade, portanto, é a "arma" espiritual dos servos de Deus. Possui uma relação com o Salmo anterior no que concerne ao louvor. O povo escolhido (os batizados) é exortado a fazê-lo a Deus em vista dos favores recebidos, como também vislumbrando as vitórias futuras contra os inimigos, aqueles que nos seduzem para nos afastar do Senhor.

Todo o corpo louva ao som de instrumentos, como o pandeiro e a cítara, pois a glória de Deus faz as pessoas se regozijarem, inclusive nos leitos, ou seja, em toda hora e lugar.

A primeira parte do Salmo é este louvor que é feito com palavras penetrantes como a espada de dois gumes que, também, lembra a vingança, a prisão e o castigo, tema presente na segunda parte, pois na nossa vida poderá haver momentos em que louvamos mesmo sob o ataque dos tentadores, e não é uma contradição, pois tanto mais estamos perto do Senhor, bem mais o inimigo nos persegue; mas, pela humildade e perseverança, sempre sairemos vitoriosos!

Sl 149

Cantai ao SENHOR um canto novo,
seu louvor na assembleia dos fiéis.
²Alegre-se Israel no seu criador,
os filhos de Sião exultem em seu Rei.
³Louvem seu nome com a dança,
cantem seus louvores com pandeiro e cítara.
⁴Pois o SENHOR gosta de seu povo
e adorna de vitória os humildes.
⁵Regozijem-se os fiéis na glória
e cantem, jubilosos, em seus leitos.
⁶Os elogios de Deus estejam em suas gargantas,
em suas mãos, a espada de dois gumes:
⁷para exercer a vingança contra
as nações,
o castigo sobre os povos;
⁸para prender seus reis com grilhões,
e seus nobres com algemas de ferro;
⁹para executar contra eles a sentença escrita:
esta é uma honra para todos os seus fiéis.

Cantarei ao Senhor com canto novo,
pois com Ele vencerei o inimigo.

Exultação do coração justo

Com este Salmo, encerra-se o saltério, de maneira muito bela e positiva; temos aqui a presença do mesmo convite ao louvor já visto nos dois anteriores. Só que agora parece que a louvação se intensifica, como num crescendo. Mesmo que nossos louvores não sejam necessários ao nosso Deus, Ele nos dá a alegria de poder louvá-lo e, isso faz bem a nós mesmos.

No primeiro Salmo, vimos o confronto entre os justos e os ímpios, os primeiros são como árvores plantadas à beira d'água, que dão frutos bons o tempo todo; esses são palha seca a ser queimada. Diante dos confrontos entre o bem e o mal (os inimigos), os bons saem vitoriosos, pois sempre foram libertos através da bondade do Senhor, e por isso o louvam eternamente.

Vê-se, claramente, que este Salmo é um louvor público entoado a Deus no santuário formal, o templo; ou mesmo sob o firmamento, lugar em que revela o seu poder.

Com os corações exultantes, entoemos estes louvores ao Senhor que é a causa da nossa alegria. Aleluia!

Sl 150

Louvai a Deus em seu santuário,
louvai-o no seu majestoso firmamento!
²Louvai-o por seus grandes feitos,
louvai-o por sua imensa grandeza!
³Louvai-o ao som de trombeta,
louvai-o com harpa e cítara!
⁴Louvai-o com pandeiro e dança,
louvai-o com instrumentos de corda e flautas!
⁵Louvai-o com címbalos sonoros,
louvai-o com címbalos vibrantes!
⁶Tudo que respira louve o SENHOR! Aleluia!

*Cantai ao Senhor Deus hinos de louvores,
com o coração vibrando de alegria!*

Epílogo

Chegamos ao final da nossa oração sálmica exultando no Senhor por poder contribuir para o enriquecimento da vida espiritual dos nossos leitores.

Toda oração deverá ser consciente e brotar da mente e do coração a fim de que ela transforme, converta-nos e nos faça mais felizes. A nossa inspiração veio da motivação de que, ao rezar os Salmos, estamos fazendo com e como Jesus e Maria que, sendo judeus religiosos e inseridos na cultura de seu povo, com certeza utilizavam-se desses poemas para se dirigirem a Deus, como nos mostra a Sagrada Escritura.

Cremos que este compêndio facilitará o desejo de orar sem cessar, pois uma oração assim motivada poderá ser ruminada ao longo do dia a partir de um versículo, do responso ou mesmo servindo de mote para a composição de orações pessoais, em que o orante se coloca dentro da temática e produz, com o coração, as suas próprias preces sálmicas.

O nosso amor pelo Deus uno e trino transborda em forma de oração e faz brotar dentro de nós o desejo de rezar de maneira pura e com todo o ser, pois só assim estaremos sempre unidos ao Senhor que nos vê e protege por toda a nossa vida.

Desse modo, estaremos atualizando o Canto de Louvor que Nosso Senhor Jesus Cristo trouxe para esta nossa terra de exílio, como dissemos no início, citando a Constituição Apostólica *Laudis Canticum*, do Papa São Paulo VI. E nós, parafraseando o saltério e o Ap 22,17, dizemos:

Contemplando a criação
Conhecemos a grandeza do nosso Deus.
Diante dele, dispomo-nos a rezar sem cessar,
Durante os dias e as noites,
Pois confiamos que Ele nos livrará do mal,
Conduzindo-nos à santidade,
Nossa vocação e destino último,
Pois o Espírito e a Esposa dizem, amém.
Vem, Senhor Jesus!
Ao Deus Pai, e ao Filho e ao Espírito Santo
Louvor e glória eternamente.
Amém. Aleluia!

Dom Bruno Lira, OSB

LEIA TAMBÉM:

Meu livro de orações

Anselm Grün

Autor reconhecido mundialmente por suas obras sobre espiritualidade e autoconhecimento, Anselm Grün traz nessa nova obra uma seleção de orações que são oriundas da tradição beneditina e outras que são próximas do espírito beneditino. O autor escreveu também orações inspiradas na experiência das instituições monásticas. Para os monges, oração significa: oferecer a Deus sua vida inteira, sua verdade mais íntima, para que o Espírito de Deus possa permear tudo em nós, e nos transformar.

Segundo Grün: "Na oração ofereço a Deus os meus sentimentos, as minhas afeições, os meus medos, para que, através deles, eu possa sentir Deus como o fundo mais recôndito da minha alma e onde encontro tranquilidade. Bento significa: 'o abençoado'. Orar, para São Bento, significa também colocar tudo sob a bênção de Deus: a mim mesmo, as pessoas e a realidade deste mundo, para que possamos vivenciar que tudo pode vir a ser uma bênção para nós e que nós mesmos somos uma bênção para as pessoas. O objetivo de orar, pedir, louvar e abençoar é 'que Deus seja glorificado em tudo'".

Anselm Grün é autor reconhecido no mundo inteiro por seus inúmeros livros publicados em mais de 28 línguas. O monge beneditino, da Abadia de Münsterschwarzach (Alemanha), une a capacidade ímpar de falar de coisas profundas com simplicidade e expressar com palavras aquilo que as pessoas experimentam em seu coração. Procurado como palestrante e conselheiro na Alemanha e no estrangeiro, tornou-se ícone da espiritualidade e mestre do autoconhecimento em nossos dias. Tem dezenas de obras publicadas no Brasil.

LEIA TAMBÉM:

A felicidade das pequenas coisas

Anselm Grün

A insatisfação com as coisas ou com outras pessoas geralmente tem uma causa mais profunda: a insatisfação com a própria vida. Você se concentra em tudo que não vai bem. Você tem sempre algo a reclamar. Claro, sempre há razões pelas quais você pode estar insatisfeito. E há coisas no relacionamento, na empresa, na história da própria vida que não são fáceis de aceitar. Mas isso também depende da sua atitude interior, de como você reage ao que confronta. Já a pessoa satisfeita concorda com a vida. Também já se queixou, já foi insatisfeita, mas rapidamente se acostumou e disse sim a tudo.

Nesse livro, Anselm Grün irá ponderar sobre os tipos de satisfação, o bem-estar perante a vida e aquela satisfação restrita de quem se concentra em si mesmo. Observará como diferentes atitudes e condições podem nos levar à satisfação. Somos felizes se somos satisfeitos, se estamos em harmonia com nós mesmos e com nossas vidas. Outra atitude é o contentamento. Contentamento é também simplicidade. O frugal se contenta com uma vida simples, e a satisfação tem forma de gratidão. Quem é grato por aquilo que Deus lhe deu, grato pelo que tem hoje, está de bem com a vida.

Autor reconhecido no mundo inteiro por seus inúmeros livros publicados em mais de 28 línguas, o monge beneditino **Anselm Grün**, da Abadia de Münsterschwarzach (Alemanha), une a capacidade ímpar de falar de coisas profundas com simplicidade e expressar com palavras aquilo que as pessoas experimentam em seu coração. Procurado como palestrante e conselheiro na Alemanha e no estrangeiro, tornou-se ícone da espiritualidade e mestre do autoconhecimento em nossos dias. Tem dezenas de obras publicadas no Brasil.

LEIA TAMBÉM:

O livro da felicidade

Joan Chittister

Joan Chittister é beneditina, autora *best-seller* e palestrante conhecida internacionalmente. Já participou de diversos programas, incluindo o da renomada apresentadora americana Oprah Winfrey. É defensora da justiça, da paz e da igualdade, especialmente, para as mulheres do mundo todo, e é uma das mais influentes líderes sociais e religiosas do nosso tempo.

Escreveu vários livros que buscam entender o ser humano em perspectiva existencial e religiosa, com linguagem sempre atual e vivencial. Essa nova obra tem a felicidade como tema central.

Para Chittister, a felicidade não é um derivado da riqueza ou do sucesso, mas uma qualidade pessoal a ser aprendida, regida e destemidamente exercida. Porém muitos, erroneamente, acreditam que a felicidade resulta de ter bastante dinheiro, fama, conforto, sucesso mundano ou até pura sorte.

Ao longo dessas páginas, Chittister desenvolve "uma arqueologia da felicidade" enquanto conduz uma "escavação" através da sociologia, biologia, neurologia, psicologia, filosofia, história e religiões, oferecendo *insights* inspiradores que ajudarão peregrinos de todos os lugares a aprenderem a cultivar a verdadeira e duradoura felicidade dentro de si mesmo.

Joan Chittister é autora também de *Para tudo há um tempo* e *Entre a escuridão e a luz do dia*, ambos publicados pela Editora Vozes.

CATEQUÉTICO PASTORAL

Catequese – Pastoral
Ensino religioso

CULTURAL

Administração – Antropologia – Biografias
Comunicação – Dinâmicas e Jogos
Ecologia e Meio Ambiente – Educação e Pedagogia
Filosofia – História – Letras e Literatura
Obras de referência – Política – Psicologia
Saúde e Nutrição – Serviço Social e Trabalho
Sociologia

TEOLÓGICO ESPIRITUAL

Biografias – Devocionários – Espiritualidade e Mística
Espiritualidade Mariana – Franciscanismo
Autoconhecimento – Liturgia – Obras de referência
Sagrada Escritura e Livros Apócrifos – Teologia

REVISTAS

Concilium – Estudos Bíblicos
Grande Sinal – REB

VOZES NOBILIS

Uma linha editorial especial, com importantes autores, alto valor agregado e qualidade superior.

PRODUTOS SAZONAIS

Folhinha do Sagrado Coração de Jesus
Calendário de mesa do Sagrado Coração de Jesus
Agenda do Sagrado Coração de Jesus
Almanaque Santo Antônio – Agendinha
Diário Vozes – Meditações para o dia a dia
Encontro diário com Deus – Guia Litúrgico

VOZES DE BOLSO

Obras clássicas de Ciências Humanas em formato de bolso.

CADASTRE-SE
www.vozes.com.br

EDITORA VOZES LTDA.
Rua Frei Luís, 100 – Centro – Cep 25689-900 – Petrópolis, RJ
Tel.: (24) 2233-9000 – Fax: (24) 2231-4676 – E-mail: vendas@vozes.com.br

UNIDADES NO BRASIL: Belo Horizonte, MG – Brasília, DF – Campinas, SP – Cuiabá, MT
Curitiba, PR – Fortaleza, CE – Goiânia, GO – Juiz de Fora, MG
Manaus, AM – Petrópolis, RJ – Porto Alegre, RS – Recife, PE – Rio de Janeiro, RJ
Salvador, BA – São Paulo, SP